「主要教科の復習をしながら、無理なく基礎力がつくプリントをつくれないだろうか」——これが、このプリントを制作した動機です。

さいわい、今までに各教科で同じ趣旨のプリント制作にたずさわってまいりました。そこで、それらのプリントでつちかった経験や、問題も一部でいかしながら、**主要教科の大切なことがらをもれなく取り上げた**のが、この**「らくらく全科プリント」**です。

学年の総仕上げや学期の復習、単元のおさらいなど、いろいろな用途にお使いいただけます。

著　者

本書の特色

- **基礎的な問題が無理なく学習**できるよう配慮しました。
- 子どもが**ゆったり書けるレイアウト**にしました。
- 書き込み問題を中心にし、**学力の定着がはかれる**ようにしました。
- 漢字学習では**ひとつの漢字が、たくさんの熟語を作れる**ことを実感できる構成にしました。
- **学習の世界を広げる**など、様々なおもしろヒントをすべての項目につけました。
- 子どもが**手本にできる手書き文字**を採用しました。

つかいかた

①学《がく》しゅうは　毎日《まいにち》　少《すこ》しずつでも　つづけるように　しましょう。

②このプリントは　みひらき　2ページが　1回分《かいぶん》です。どのページからでも　とりくめます。国語《こくご》は　後《うし》ろがわから　はじまっています。

③ひらいた　ページの　もんだいを、まず、3回　しっかり　読《よ》みましょう。

④答《こた》えを　かきおわったら、ぜんたいを　ていねいに　読みなおしましょう。うっかりミスを　なくせます。

⑤さいごに　答えあわせを　しましょう。まちがった　もんだいは、すぐ　やりなおして　100点《てん》まん点に　しましょう。

◆教科書《きょうかしょ》と　国語じてんは、いつでも　つかえるように　しておきましょう。

もくじ

算数

生活

国　語

算数　　月　日

1 ひょうと　グラフ

とく点　／100

1　つぎの　どうぶつの　絵《え》の　数《かず》を　しらべましょう。

① りす、ねこ、いぬ、うさぎの　絵の　数だけ　□に
色《いろ》を　ぬりましょう。　（1つ　7点《てん》）

りす								
ねこ								
いぬ								
うさぎ								

ヒント

ひょうを　グラフに　すると、ちがいが　ひと目で　わかります。

② どうぶつの　絵の　数を　下の　ひょうに　かき、グラフに　しましょう。

算数

どうぶつの　絵

（1つ　6点）

	りす	ねこ	いぬ	うさぎ
数(まい)				

だいめい →

（8点）

○の 数で あらわしましょう。

どうぶつの名前《なまえ》→

（40点）

算数　　月　日

とく点

2 時間《じかん》と　時こく

／100

1 つぎの　時計《とけい》を　見て　答《こた》えましょう。（1つ　7点《てん》）

① 時《じ》こくは　何時《なんじ》ですか。

答《こた》え

② 2時間後《じかんご》は　何時ですか。

答え

③ 長《なが》い　はりは、何分《ぷん》で　1まわり　しますか。

答え

④ 長い　はりが、1目もり　すすむと　時間は　何分間ですか。

答え

⑤ みじかい　はりは、1時間で　何目もり　すすみますか。

答え

2 8時30分から　40分後の　時こくは　何時何分ですか。（9点）

答え

ヒント

毎日《まいにち》の　くらしの　中では、時《じ》こくの　ことも　時間《じかん》と　いうことが多《おお》いですが、算数《さんすう》では、時こくと　時間は、わけて　つかいます。

3　つぎの　時計に　ついて　答えましょう。（56点・1つ　7点）

㋐

（午前　　　　　）

（午後　　　　　）

㋑

①　㋐は　午前《ごぜん》で、㋑は　午後《ごご》の　時こくです。
㋐、㋑の　時計の　時こくを　上の（　）に　かきましょう。

②　㋐、㋑の　時計の　20分後の　時こくを　（　）に　かきましょう。

㋐（　　　　　）　㋑（　　　　　）

③　㋐、㋑の　時計の　10分前《まえ》の　時こくを　（　）に　かきましょう。

㋐（　　　　　）　㋑（　　　　　）

④　㋐の　時計は、9時までに　何分間　ありますか。

答え＿＿＿＿＿＿

㋑の　時計は、4時までに　何分間　ありますか。

答え＿＿＿＿＿＿

算数　　月　日

3 たし算《ざん》の　ひっ算

とく点　／100

1 1組《くみ》の　はたけには、プチトマトが　57こ　なりました。2組の　はたけには、63こ　なりました。トマトは　ぜんぶで　何《なん》こ　なりましたか。（8点《てん》）

しき

答《こた》え

2 きのう、しいたけを　64本　とりました。きょうは　38本　とりました。しいたけは　ぜんぶで　何本　とりましたか。（10点）

しき

答え

3 1年生が　26人と、2年生が　38人　います。

みんなで　何人ですか。（10点）

しき

答え

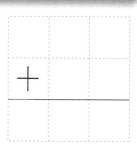

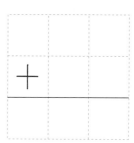

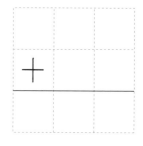

ヒント

ひっ算《さん》は　一のくらい・十のくらい・百のくらいを　たてに　そろえて　かきます。

4　ひっ算に　なおして　計算《けいさん》を　しましょう。（1つ　6点）

① 14＋77

② 68＋34

③ 85＋89

④ 67＋87

⑤ 6＋97

⑥ 28＋34

⑦ 86＋19

⑧ 27＋57

⑨ 46＋79

⑩ 47＋84

⑪ 38＋43

⑫ 99＋6

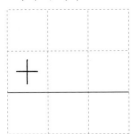

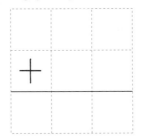

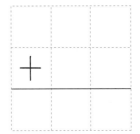

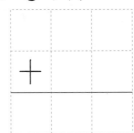

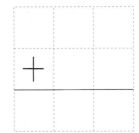

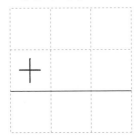

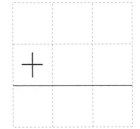

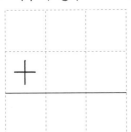

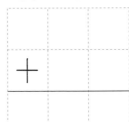

算数　　月　日

4　ひき算《ざん》の　ひっ算

とく点　／100

1　どんぐりが　82こ　あります。
35こを　どんぐりごまに　すると、のこりは　何《なん》こですか。　（8点《てん》）

−		

しき

答《こた》え

2　えんぴつが　144本　あります。
85人の　子どもに　1本ずつ　くばります。えんぴつは　何本　のこりますか。　（10点）

−			

しき

答え

3　メロンが　店《みせ》に　100こ　あります。午前中《ごぜんちゅう》に　42こ　売《う》れました。のこりは　何こですか。　（10点）

−			

しき

答え

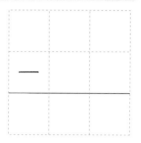

ヒント

ひっ算《さん》は、一のくらいから　じゅんに　計算《けいさん》して　いきます。
あん算は、上のくらいから　計算します。

4　ひっ算に　なおして　計算《けいさん》を　しましょう。（1つ　6点）

① 123−37

② 100−53

③ 94−28

④ 105−7

⑤ 162−97

⑥ 74−27

⑦ 151−76

⑧ 102−16

⑨ 92−48

⑩ 102−8

⑪ 133−87

⑫ 92−37

算数　　月　日　　とく点　／100

5　長《なが》さ（1）

1　右の　三角形《さんかくけい》の　まわりを　1しゅう　すると、何《なん》cmですか。

（20点《てん》）

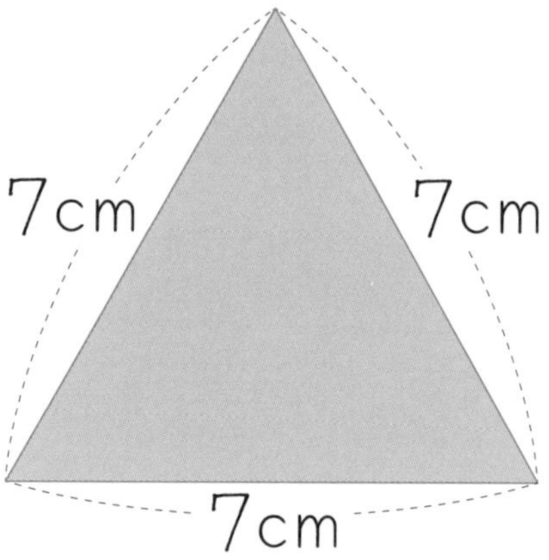

しき

答《こた》え ______________________

2

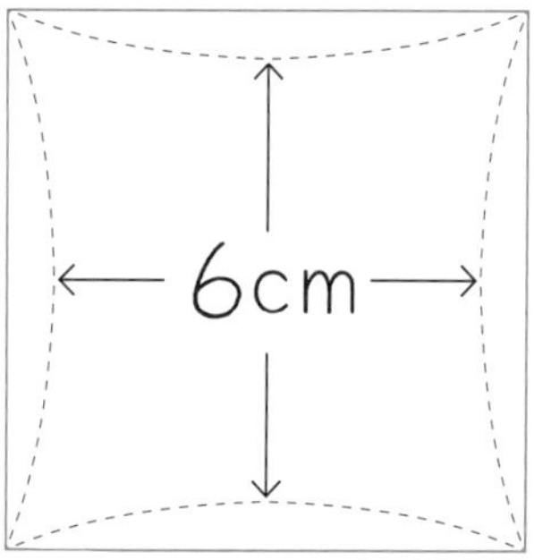

左の　正方形《せいほうけい》の　まわりを　1しゅう　すると、何cmですか。また、それは　何mmですか。

（20点）

しき

1 cm＝10mmです。

答え ________ cm, ________ mm

3　右の　五角形の　まわりを　1しゅう　すると、何cmですか。また、それは　何mmですか。

（20点）

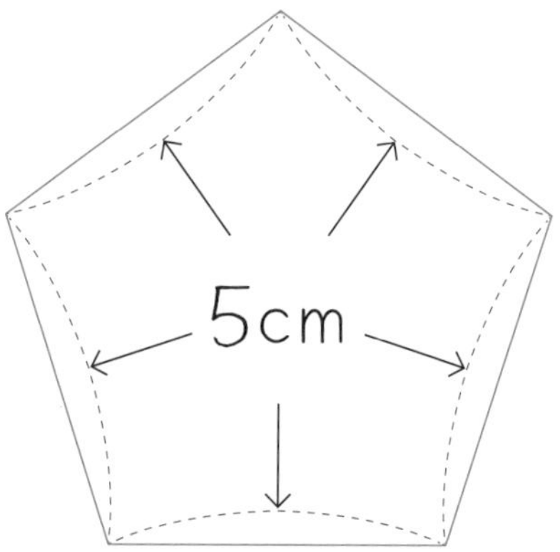

しき

答え ______________________

ヒント
1cm＝10mm、1m＝100cm、1m＝1000mmです。これは 長《なが》さの たんいです。

4 図《ず》のような 線《せん》を ぜんぶ とおると 何cm何mm ですか。また、それは 何mmですか。 (20点)

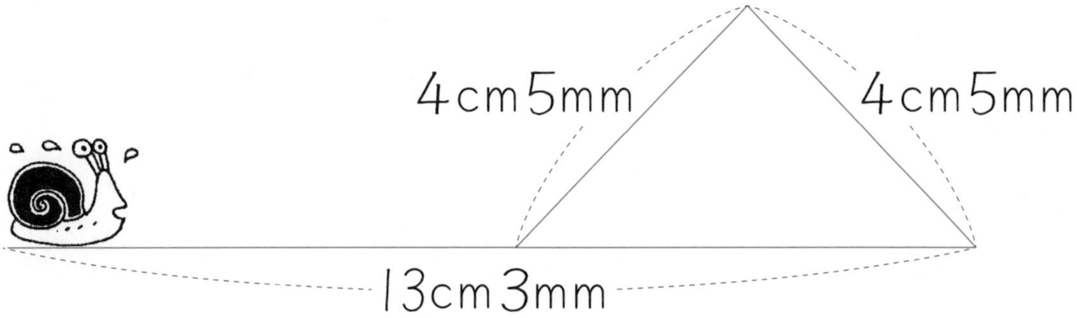

しき

答え

5 つぎの**ア**－**イ**－**ウ**の おれ線の 長さを はかります。**ア**－**イ**－**ウ**は 何mmですか。 (20点)

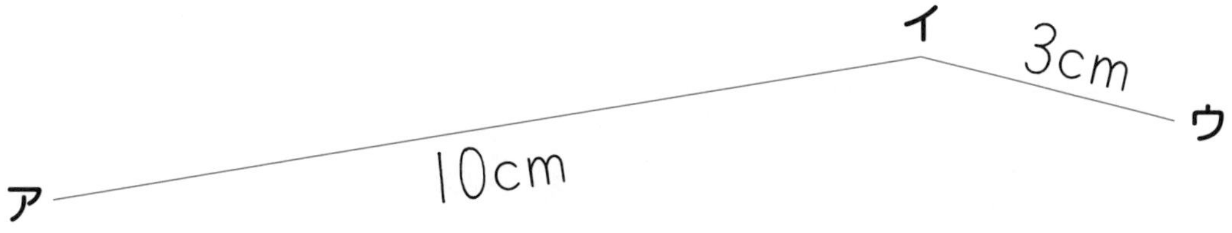

しき

答え

算数　　月　　日

6　長《なが》さ (2)

とく点　／100

● ㋐を　スタートして、㋒に　ゴールします。

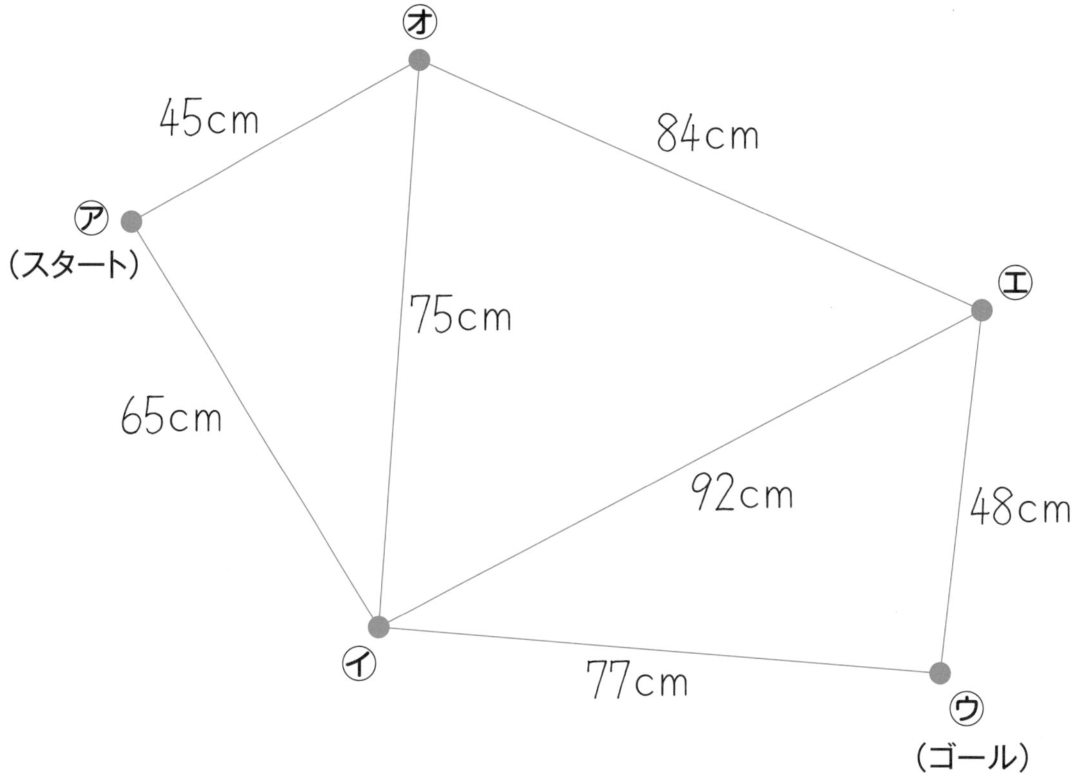

　㋐から　㋒へ　つぎのように　行《い》きました。それぞれの　長《なが》さを　計算《けいさん》しましょう。(答《こた》えは○m○cmです。)（1つ　20点《てん》）

① ㋐→㋑→㋒

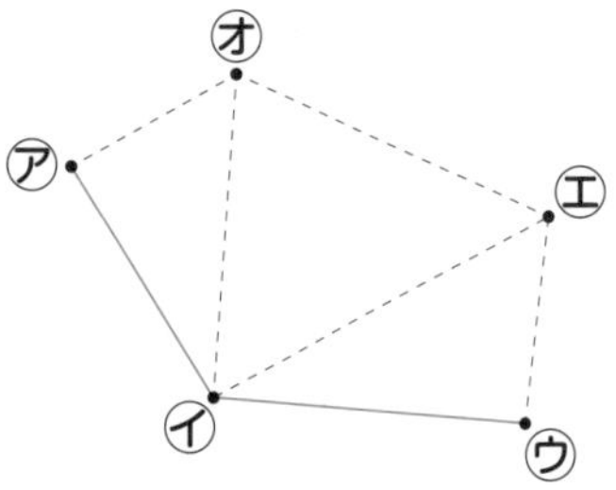

しき

1m＝100cmです。

答え

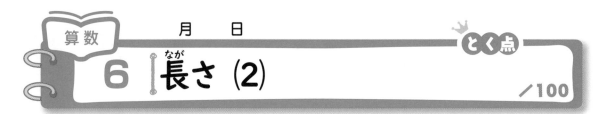

ヒント

図《ず》の　道《みち》の　長《なが》さを　ぜんぶ　たすと、486cmです。486cmは
4m86cmです。

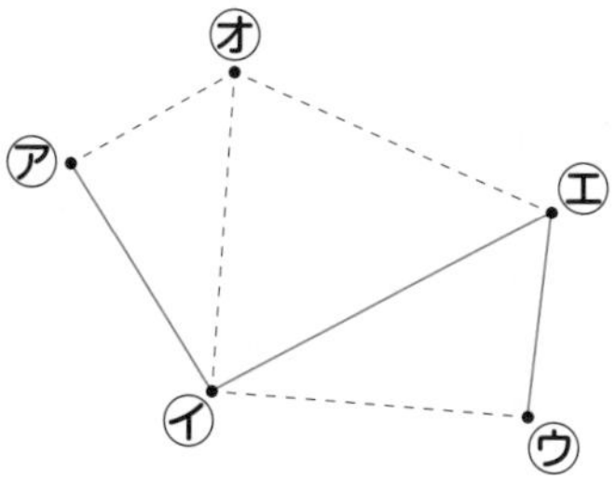

② ㋐→㋑→㋓→㋒

しき

答え

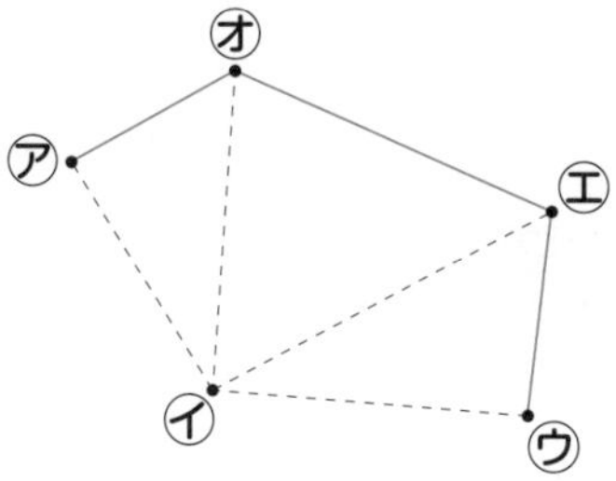

③ ㋐→㋔→㋓→㋒

しき

答え

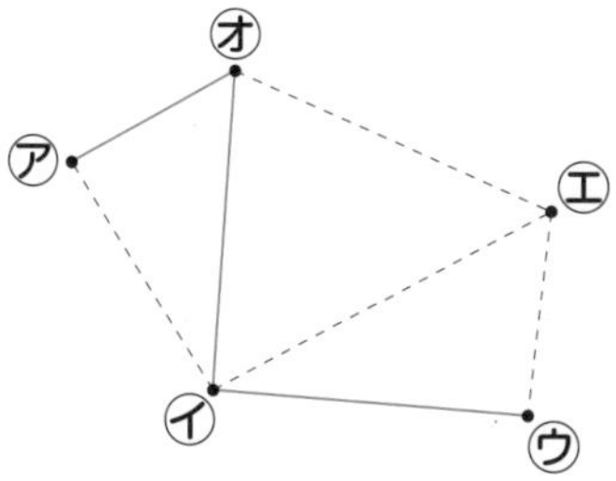

④ ㋐→㋔→㋑→㋒

しき

答え

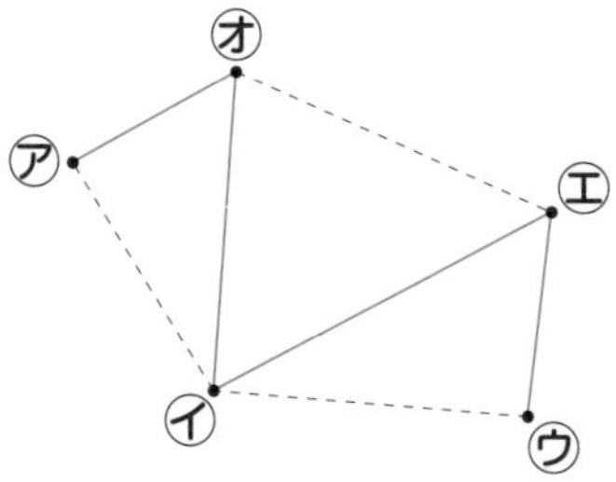

⑤ ㋐→㋔→㋑→㋓→㋒

しき

答え

算数 　月　日

7 1000までの 数《かず》

とく点 ／100

1 つぎの□に 数《かず》を かきましょう。（1つ 5点《てん》）

① 100を 3こと、10を 5こ あわせた 数。

② 100を 3こと、10を 5こと、1を 4こ あわせた 数。

③ 100を 3こと、1を 4こ あわせた 数。

④ 100を 3こと、1を 54こ あわせた 数。

⑤ 10を 35こと、1を 4こ あわせた 数。

⑥ 百のくらいの 数字が 6、十のくらいの 数字が 9、一のくらいの 数字が 2の 数。

⑦ 百のくらいの 数字が 3、十のくらいの 数字が 6、一のくらいの 数字が 0の 数。

⑧ 百のくらいの 数字が 9、十のくらいの 数字が 0、一のくらいの 数字が 3の 数。

ヒント

1が　10こ　あつまると　10です。10が　10こ　あつまると　100です。
100が　10こ　あつまると　1000です。一・十・百・千と　ふえていきます。

200 ＜ 300　　　300 ＞ 100

2 大小の　記《き》ごう　＜，＞を　□に　入れましょう。

（1つ　6点）

〈れい〉 741 [＞] 729　　① 902 □ 899

② 407 □ 470　　③ 234 □ 243

3 つぎの　数を　かきましょう。　（1つ　6点）

① 300より　400　大きい　数。　答《こた》え ＿＿＿＿＿＿

② 800より　500　小さい　数。　答え ＿＿＿＿＿＿

③ 900より　100　大きい　数。　答え ＿＿＿＿＿＿

④ 1000より　10　小さい　数。　答え ＿＿＿＿＿＿

4 つぎの　数を　かきましょう。　（1つ　6点）

① 10を　60こ　あつめた　数。　答え ＿＿＿＿＿＿

② 100を　8こ　あつめた　数。　答え ＿＿＿＿＿＿

③ 10を　57こ　あつめた　数。　答え ＿＿＿＿＿＿

算数　　月　　日

8 水の　かさ

とく点　　／100

1 ジュースが　1Lあります。2dLのみました。のこりは　何《なん》dLですか。(1L＝10dL)　(10点《てん》)

しき

答《こた》え ＿＿＿＿＿＿＿＿

2 ジュースが　1Lあります。3つの　コップに　2dLずつ　入れます。のこりは　何dLですか。　(10点)

しき

答え ＿＿＿＿＿＿＿＿

3 あぶらが　5Lあります。2本の　ペットボトルに　1L5dLずつ　入れます。のこりは　何Lですか。

(10点)

しき

答え ＿＿＿＿＿＿＿＿

4 アルコールが　3000mLあります。4本の　びんに　500mLずつ　入れます。のこりは　何mLですか。　(10点)

しき

答え ＿＿＿＿＿＿＿＿

ヒント

１L＝10dL、 １L＝1000mL、 １dL＝100mLです。これは、かさのたんいです。

5 （　　）の　たんいに　なおしましょう。 （1つ　8点）

① １L８dL（mL） →

② 48dL（mL） →

③ 23dL（mL） →

④ 7000mL（L） →

⑤ 1000mL（L） →

⑥ 2400mL（L dL） →

6 つぎの　ジュースは　あわせて　何mLですか。
また　何L何dLですか。 （12点）

500mL　500mL　500mL　500mL　500mL

しき

答え　　　　mL,　　　　L　　　　dL

算数　　月　　日　　とく点

9 たし算《ざん》と　ひき算

／100

1 24まいの　カードが　あります。何《なん》まいか　つかったので、のこりが　16まいに　なりました。つかった　カードは　何まいですか。　（20点《てん》）

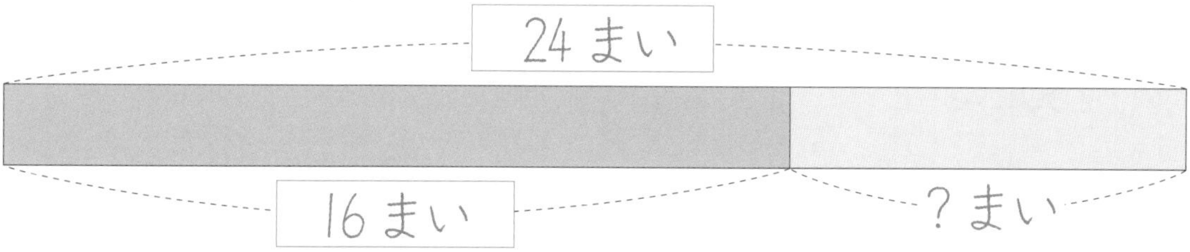

しき

答え

2 つぎの　テープ図で　□に　あてはまる　数を　もとめましょう。　（1つ　10点）

①
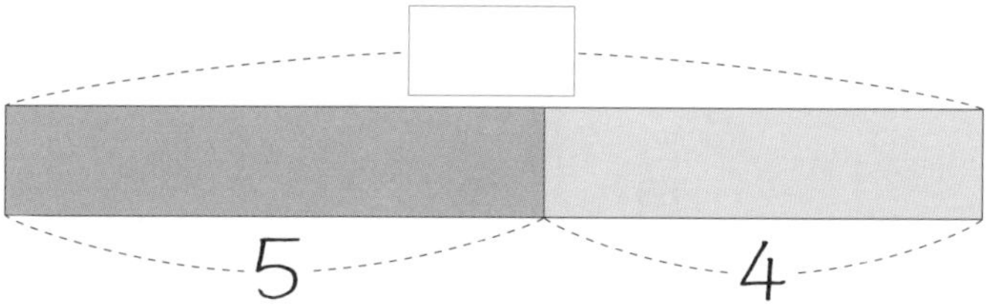

②
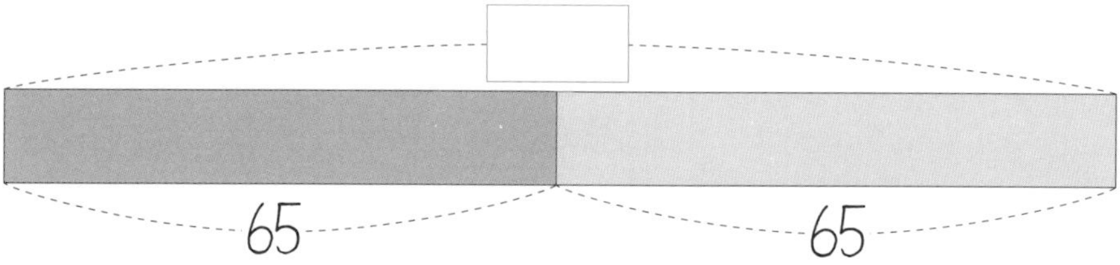

③
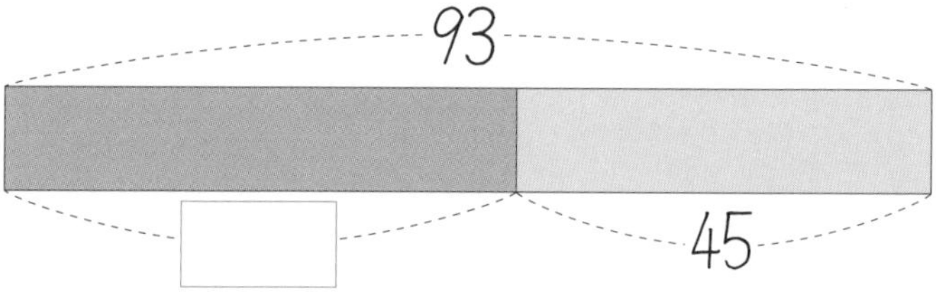

ヒント

テープの　図《ず》を　かくと、答《こた》えを　もとめる　計算《けいさん》が　わかります。

3 自《じ》どう車が　12台《だい》　とまって　います。あとから何台か　きたので、28台に　なりました。あとからきたのは　何台ですか。　(25点)

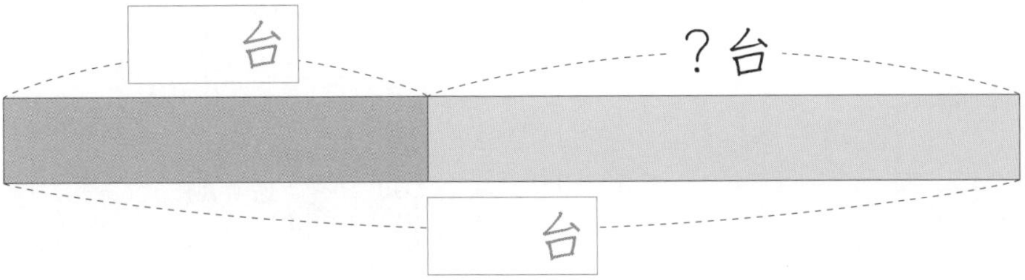

しき

答え

4 えんぴつの　ねだんは　60円です。けしゴムのねだんは　えんぴつより　30円　高《たか》いです。
けしゴムの　ねだんは　何円ですか。　(25点)

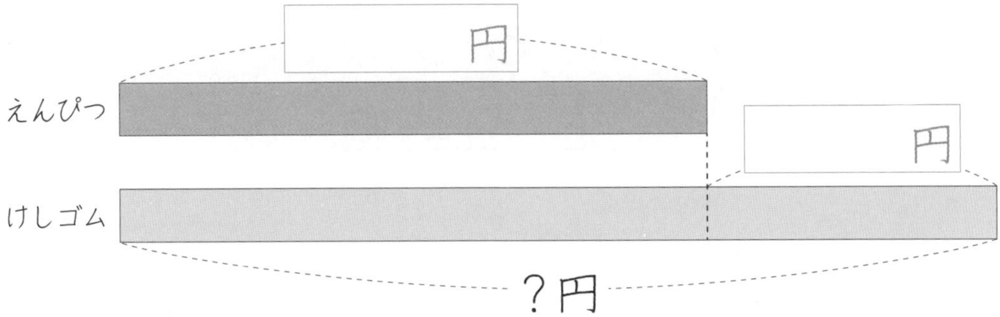

しき

答え

算数　　月　日

10 大きい　数《かず》の　計算《けいさん》(1)

とく点　／100

1 つぎの計算《けいさん》を　しましょう。　（1つ　4点《てん》）

① $80 + 60$

② $90 + 90$

③ $50 + 70$

④ $76 + 40$

⑤ $38 + 90$

⑥ $60 + 73$

⑦ $500 + 300$

⑧ $200 + 400$

⑨ $700 + 200$

⑩ $730 + 20$

⑪ $650 + 26$

⑫ $15 + 478$

⑬ $46 + 936$

ヒント

300＋200や　500－200は、ひっ算《さん》の　形《かたち》に　かくと、百のくらいの
計算《けいさん》が　楽《らく》です。

2　つぎの計算を　しましょう。

（1つ　4点）

① $150 - 70$

② $120 - 40$

③ $160 - 90$

④ $128 - 70$

⑤ $147 - 60$

⑥ $152 - 80$

⑦ $800 - 700$

⑧ $900 - 300$

⑨ $970 - 60$

⑩ $285 - 40$

⑪ $882 - 18$

⑫ $652 - 27$

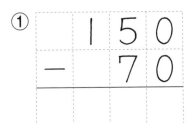

算数　　月　　日

11 大きい　数《かず》の　計算《けいさん》(2)

とく点　／100

1 つぎの計算《けいさん》を　しましょう。　(1つ　4点《てん》)

① $96 + 47$

② $78 + 45$

③ $83 + 98$

④ $46 + 57$

⑤ $78 + 25$

⑥ $67 + 34$

⑦ $470 + 60$

⑧ $580 + 27$

⑨ $720 + 94$

⑩ $467 + 25$

⑪ $516 + 44$

⑫ $59 + 436$

⑬ $27 + 257$

ヒント

2けたと　2けたの　計算《けいさん》、2けたと　3けたの　計算が　できれば、
3けたでも　4けたでも　同《おな》じ　やりかたで　計算が　できます。

2 つぎの　計算を　しましょう。

（1つ　4点）

① $\begin{array}{r} 132 \\ - \quad 58 \\ \hline \end{array}$

② $\begin{array}{r} 146 \\ - \quad 79 \\ \hline \end{array}$

③ $\begin{array}{r} 125 \\ - \quad 47 \\ \hline \end{array}$

④ $\begin{array}{r} 103 \\ - \quad 47 \\ \hline \end{array}$

⑤ $\begin{array}{r} 107 \\ - \quad 39 \\ \hline \end{array}$

⑥ $\begin{array}{r} 105 \\ - \quad 76 \\ \hline \end{array}$

⑦ $\begin{array}{r} 620 \\ - \quad 70 \\ \hline \end{array}$

⑧ $\begin{array}{r} 826 \\ - \quad 40 \\ \hline \end{array}$

⑨ $\begin{array}{r} 793 \\ - \quad 56 \\ \hline \end{array}$

⑩ $\begin{array}{r} 276 \\ - \quad 28 \\ \hline \end{array}$

⑪ $\begin{array}{r} 682 \\ - \quad 45 \\ \hline \end{array}$

⑫ $\begin{array}{r} 724 \\ - \quad 82 \\ \hline \end{array}$

算数　　月　　日　　とく点

12 かけ算《ざん》 (1)

／100

1 5こ入りの　パンを　2ふくろ　買《か》いました。パンは　ぜんぶで　何《なん》こですか。（10点《てん》）

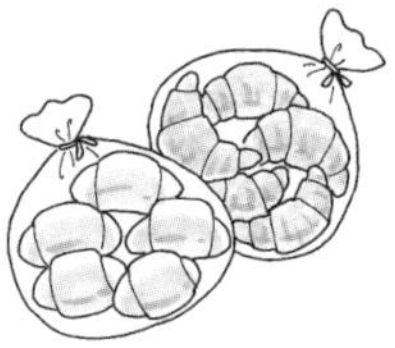

しき

答《こた》え

2 えんぴつが　5本ずつ　入った　ふでばこが　7つ　あります。えんぴつは　ぜんぶで　何本ですか。（10点）

しき

答え

3 自《じ》てん車が　6台《だい》　あります。自てん車の　タイヤは、ぜんぶで　何こですか。（10点）

しき

答え

4 めがね　1つに　レンズは　2こです。めがね　8つでは　レンズは　ぜんぶで　何こですか。（10点）

しき

答え

ヒント

九九の　2のだんと　5のだんは、おぼえやすい　九九です。でも、二七《にしち》や　五七《ごしち》は　となえにくいですね。

5　かしわもちを　1人に　2こずつ　くばります。9人に　くばるには、かしわもちは　何こ　いりますか。（10点）

しき

答え

6　ドーナツが　5こずつ　入った　はこが　9はこ　あります。ドーナツは　ぜんぶで　何こですか。（10点）

しき

答え

7　つぎの計算《けいさん》を　しましょう。（1つ　4点）

① 5×3＝

② 2×2＝

③ 5×8＝

④ 2×5＝

⑤ 5×5＝

⑥ 2×6＝

⑦ 5×4＝

⑧ 2×7＝

⑨ 5×6＝

⑩ 2×4＝

算数　　月　日　　とく点《てん》

13 かけ算《ざん》 (2)

／100

1 1さらに　3こ　のった　ギョウザが、6さら分《ぶん》ありります。ギョウザは　ぜんぶで　何《なん》こですか。（10点《てん》）

しき

答《こた》え

2 1グループ　3人で、なわとびを　しています。
なわとびを　しているのは　5グループです。
みんなで　何人ですか。（10点）

しき

答え

3 みじかい　ロープは　4mです。
長《なが》い　ロープは、みじかい　ロープの　5ばいです。
長い　ロープは　何mですか。（10点）

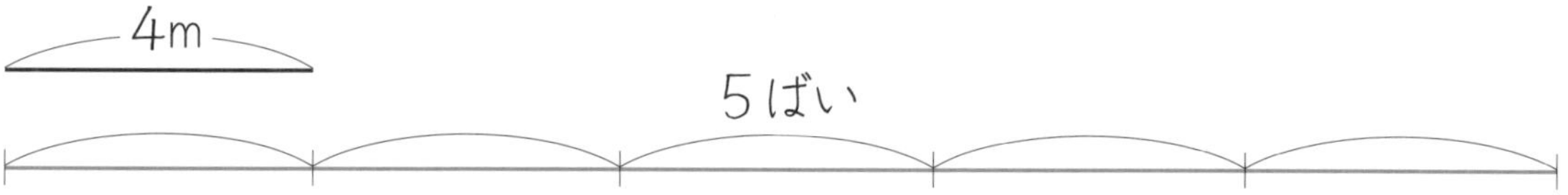

しき

答え

ヒント

九九は、となえて　おぼえましょう。口《くち》を　しっかり　あけて、はっきり　となえます。だんだん　スピードを　あげて　いきます。

4　4こ入りの　クッキーが　8ふくろ　あります。クッキーは　ぜんぶで　何こですか。（10点）

しき

答え ______

5　3mの　4ばいの　長さは　何mですか。（10点）

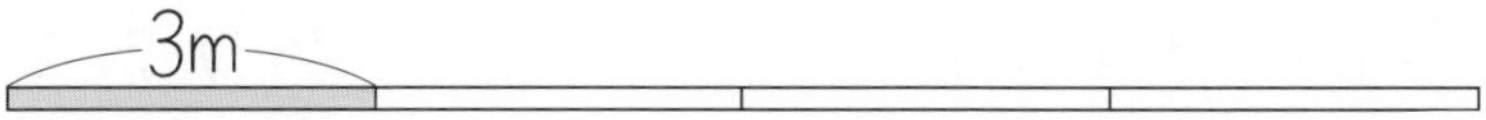

しき

答え ______

6　つぎの計算《けいさん》を　しましょう。（1つ　5点）

① 3×7＝

② 4×7＝

③ 3×8＝

④ 4×6＝

⑤ 3×3＝

⑥ 4×4＝

⑦ 3×6＝

⑧ 4×3＝

⑨ 3×9＝

⑩ 4×9＝

算数　　月　日

14 かけ算《ざん》 (3)

とく点　　/100

1 1パック　6本入りの　ボールペンが　6パック　あります。ボールペンは　ぜんぶで　何本ですか。

(10点《てん》)

しき

答《こた》え

2 6人で　1グループです。5グループ　あります。みんなで　何人ですか。

(10点)

しき

答え

3 牛《ぎゅう》にゅうパックの　よこはばは　7cmです。

4パックを　よこ1れつに　つけて　ならべると、何cmに　なりますか。

(10点)

しき

答え

ヒント

7のだんは、となえにくく　おぼえにくい　九九です。七《しち》が　いいにくいからです。
七《しち》のつくことばも　少ないです。七五三、七ふくじん、七めんちょう　ぐらいですね。

4　1週間《しゅうかん》は　7日です。
3週間は　何日ですか。　（10点）

しき

答え ＿＿＿＿＿＿＿＿

5　クッキーを　1人に　6こずつ　5人に　くばります。
クッキーは　ぜんぶで　何こ　いりますか。　（10点）

しき

答え ＿＿＿＿＿＿＿＿

6　つぎの計算《けいさん》を　しましょう。　（1つ　5点）

① 7×5＝　　　　⑥ 6×9＝

② 6×7＝　　　　⑦ 7×7＝

③ 7×9＝　　　　⑧ 7×8＝

④ 6×8＝　　　　⑨ 6×3＝

⑤ 7×6＝　　　　⑩ 7×2＝

算数　月　日

15 かけ算《ざん》 (4)

とく点　／100

1　8人がけの　長《なが》いすが　4つ　あります。
ぜんぶで　何《なん》人まで　すわれますか。（8点《てん》）

しき

答《こた》え

2　高《たか》さが　9cmの　つみ木を　5こ　つみました。
高さは　何cmに　なりましたか。（10点）

しき

答え

3　8こ入りの　キャラメルが　7はこ　あります。
キャラメルは　ぜんぶで　何こですか。（10点）

しき

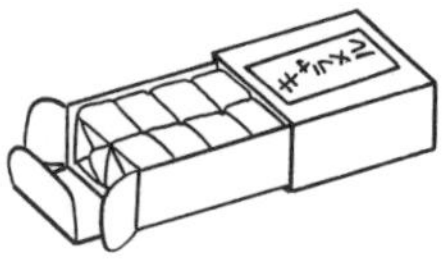

答え

八八《はっぱ》、八九《はっく》、九八《くは》のような　数字《すうじ》の　とおりでない　よみかた（となえかた）は、ほかの　だんにも　あります。

４ つぎの計算《けいさん》を　しましょう。

（1つ　3点）

① $7\times5=$

② $9\times3=$

③ $6\times4=$

④ $9\times7=$

⑤ $7\times7=$

⑥ $8\times4=$

⑦ $6\times7=$

⑧ $9\times8=$

⑨ $6\times9=$

⑩ $8\times3=$

⑪ $7\times9=$

⑫ $9\times5=$

⑬ $7\times3=$

⑭ $9\times9=$

⑮ $6\times3=$

⑯ $8\times2=$

⑰ $7\times8=$

⑱ $8\times6=$

⑲ $6\times5=$

⑳ $8\times8=$

㉑ $7\times4=$

㉒ $6\times8=$

㉓ $9\times6=$

㉔ $8\times9=$

月　　日

とく点　／100

16 かけ算《ざん》 (5)

1 1チーム　9人で　野《や》きゅうを　します。
4チームでは　みんなで　何人《なん》ですか。（7点《てん》）

しき

答《こた》え

2 かけっこは、1回《かい》に　6人ずつ　走《はし》ります。6回走りました。走ったのは　みんなで　何人ですか。（7点）

しき

答え

3 1週間《しゅうかん》は　7日です。
6週間では　何日ですか。（7点）

しき

答え

4 1つの　花《か》びんに　花を　8本ずつ　入れます。花びん　6こでは　花は　ぜんぶで　何本ですか。（7点）

しき

答え

ヒント

6、7、8、9のだんは　おぼえにくいです。下の5を、毎日《まいにち》　3回《かい》ずつ　となえていると　しぜんに　おぼえられます。

5　つぎの計算《けいさん》を　しましょう。

（1つ　3点）

① 8×3＝

② 7×4＝

③ 7×7＝

④ 6×5＝

⑤ 9×4＝

⑥ 8×9＝

⑦ 6×8＝

⑧ 7×3＝

⑨ 8×7＝

⑩ 8×5＝

⑪ 9×6＝

⑫ 7×9＝

⑬ 9×8＝

⑭ 8×8＝

⑮ 7×8＝

⑯ 6×7＝

⑰ 9×7＝

⑱ 6×6＝

⑲ 9×3＝

⑳ 7×5＝

㉑ 8×4＝

㉒ 6×9＝

㉓ 9×5＝

㉔ 8×6＝

算数　　月　日

17 かけ算《ざん》 (6)

とく点

／100

1　かけ算《ざん》を　しましょう。　（1つ　2点《てん》）

① 4×5＝

② 6×2＝

③ 5×7＝

④ 2×4＝

⑤ 6×6＝

⑥ 9×5＝

⑦ 3×3＝

⑧ 5×6＝

⑨ 2×8＝

⑩ 4×1＝

⑪ 9×9＝

⑫ 5×3＝

⑬ 2×3＝

⑭ 7×1＝

⑮ 3×8＝

⑯ 1×1＝

⑰ 8×5＝

⑱ 2×9＝

⑲ 7×5＝

⑳ 4×4＝

㉑ 1×6＝

㉒ 5×4＝

㉓ 2×5＝

㉔ 4×8＝

ヒント

50だいの　もんだいを　60びょうで　言《い》えたら　ごうかくです。

㉕ $6 \times 4 =$

㉖ $2 \times 7 =$

㉗ $8 \times 6 =$

㉘ $3 \times 7 =$

㉙ $6 \times 9 =$

㉚ $4 \times 7 =$

㉛ $9 \times 3 =$

㉜ $8 \times 4 =$

㉝ $7 \times 9 =$

㉞ $6 \times 3 =$

㉟ $5 \times 5 =$

㊱ $8 \times 3 =$

㊲ $4 \times 6 =$

㊳ $3 \times 4 =$

㊴ $8 \times 9 =$

㊵ $2 \times 2 =$

㊶ $7 \times 4 =$

㊷ $8 \times 2 =$

㊸ $9 \times 6 =$

㊹ $3 \times 5 =$

㊺ $7 \times 3 =$

㊻ $9 \times 4 =$

㊼ $6 \times 8 =$

㊽ $7 \times 7 =$

㊾ $3 \times 9 =$

㊿ $8 \times 7 =$

18 三角形《さんかくけい》と　四角形

とく点

／100

1 図《ず》の　中から、直角三角形《ちょっかくさんかくけい》、長方形《ちょうほうけい》、正方形《せいほうけい》を見つけましょう。

（1つ　6点《てん》）

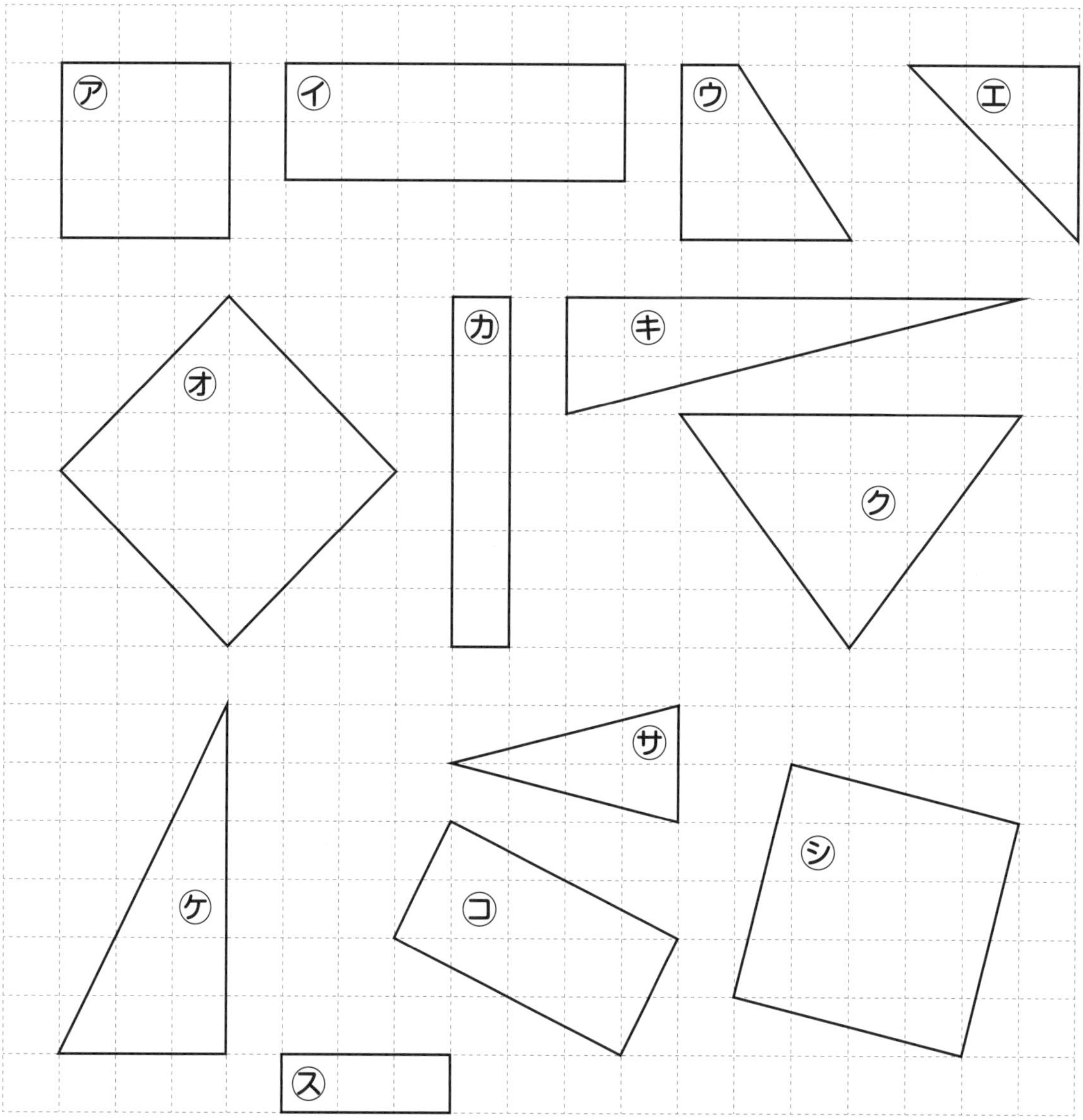

直角三角形　＿＿＿＿＿＿

長方形　＿＿＿＿＿＿

正方形　＿＿＿＿＿＿

ヒント

2の　8mmほうがんの　マスの　数《かず》は　8のだんの　九九で、わかります。八八64ですね。

2　つぎの　8mmほうがんに、きめられた　長《なが》さの　長方形や　正方形を　かきましょう。（1つ　10点）

① たて　32mm、
よこ 48mmの 長方形

② たて　40mm、
よこ 24mmの 長方形

③ 4つの　へんの
長さが　それぞれ
24mmの　正方形

④ 4つの　へんの
長さが　それぞれ
48mmの　正方形

算数　月　日

19 10000までの 数《かず》

とく点　／100

1 つぎの 数《かず》を 数字《すうじ》で かきましょう。（1つ 4点《てん》）

① 7599より 1 大きい数。　答《こた》え ＿＿＿＿

② 5900より 100 大きい数。　答え ＿＿＿＿

③ 9990より 10 大きい数。　答え ＿＿＿＿

④ 10000より 1 小さい数。　答え ＿＿＿＿

⑤ 10000より 100 小さい数。　答え ＿＿＿＿

2 大小を あらわす 記《き》ごう<，>を □に 入れましょう。（1つ 4点）

① 4789 □ 4800　② 6452 □ 6425

③ 8808 □ 8880　④ 7100 □ 7099

3 □に あてはまる 数を かきましょう。（1つ 4点）

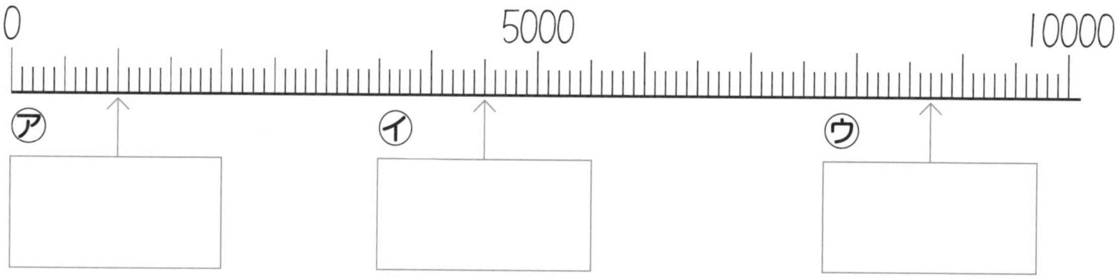

ヒント

9999までの　4けたの　数《かず》が　ちゃんと　読《よ》めて　かけるようにすることが、だいじです。

4 □に　あてはまる　数を　かきましょう。（1マス　4点）

① [3998] — [3999] — [　　] — [　　] — [4002]

② [　　] — [9700] — [　　] — [9900] — [　　]

5 つぎの　数を　大きい　じゅんに　かきましょう。

（1つ　4点）

① 4056　　3030　　3999　　2764

＿＿＿＿　＿＿＿＿　＿＿＿＿　＿＿＿＿

② 6492　　7030　　7101　　6500

＿＿＿＿　＿＿＿＿　＿＿＿＿　＿＿＿＿

6 □に　あてはまる　数を　ぜんぶ　かきましょう。

（1マス　2点）

① 5720は　5□60より　大きい　数です。

[6] [　] [　] [　] [　] [　] [　]

② 9257は　9□34より　小さい　数です。

[3] [　] [　] [　] [　] [　] [　]

20 分《ぶん》数《すう》

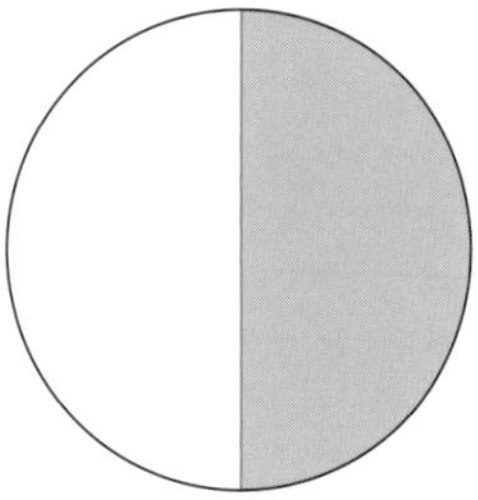

◎まるい形《かたち》を、同《おな》じ　大きさに　2つに分《わ》けます。

　2つに　分けた　1つ分《ぶん》を、2分の1と　いいます。

　2分の1を　$\frac{1}{2}$と、かきます。

1 $\frac{1}{2}$に、色《いろ》を　ぬりましょう。　（1つ　5点）

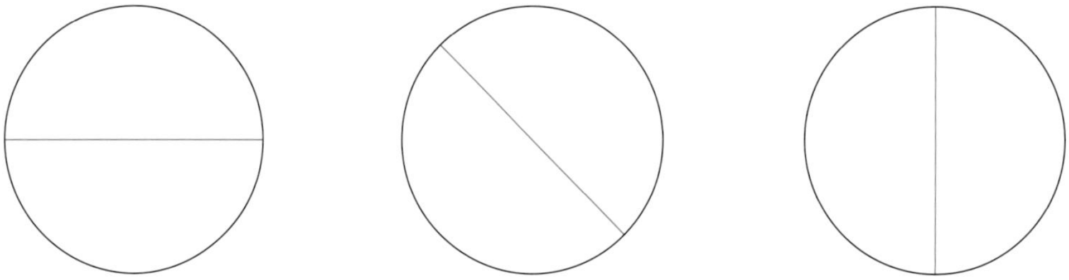

2 $\frac{1}{2}$に、色を　ぬりましょう。　（1つ　5点）

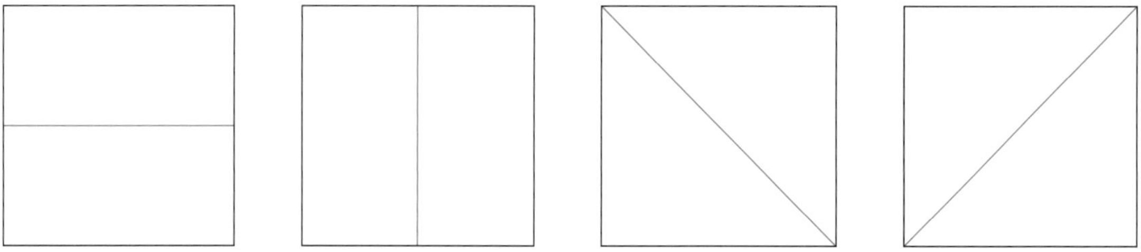

3 $\frac{1}{2}$に、色を　ぬりましょう。　（1つ　5点）

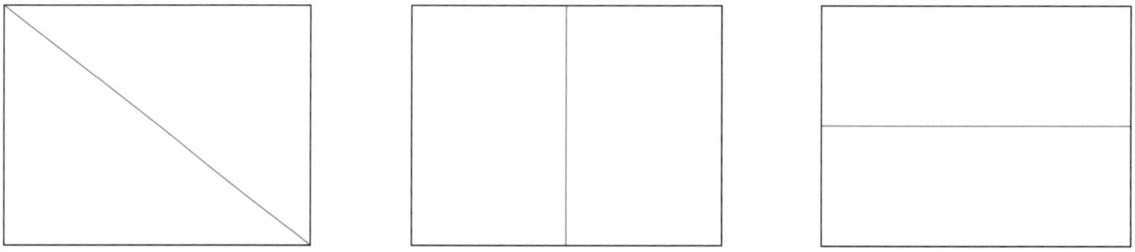

ヒント

色紙《いろがみ》を $\frac{1}{2}$、$\frac{1}{3}$、$\frac{1}{4}$に おってから、切《き》りましょう。それを 組《く》み合《あ》わせて もようを 作《つく》りましょう。

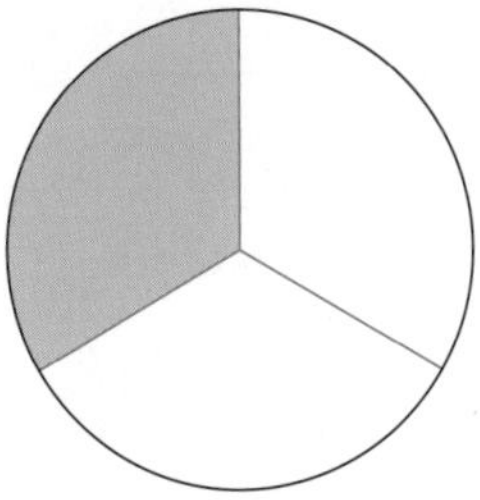

◎3つに 分けた 1つ分を、3分の1と いいます。

3分の1を $\frac{1}{3}$と、かきます。

4 $\frac{1}{3}$に、色を ぬりましょう。　（1つ　5点）

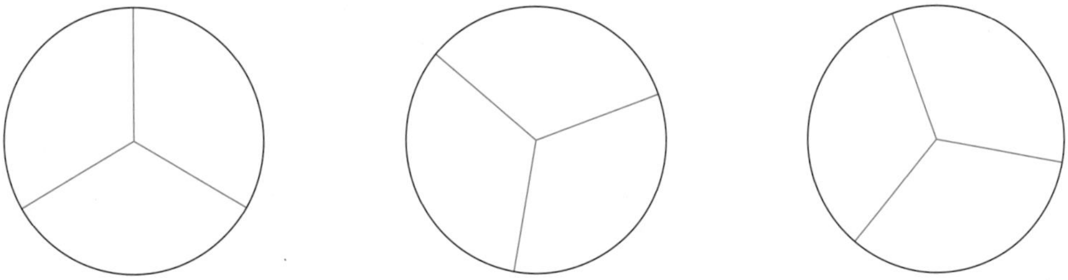

5 $\frac{1}{4}$に、色を ぬりましょう。　（1つ　5点）

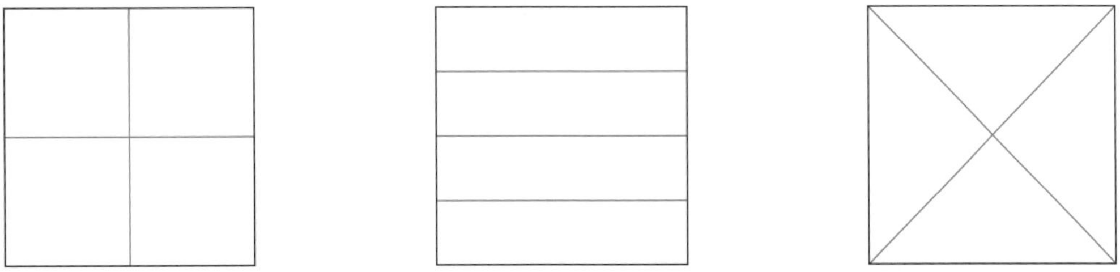

6 $\frac{1}{8}$に、色を ぬりましょう。　（1つ　5点）

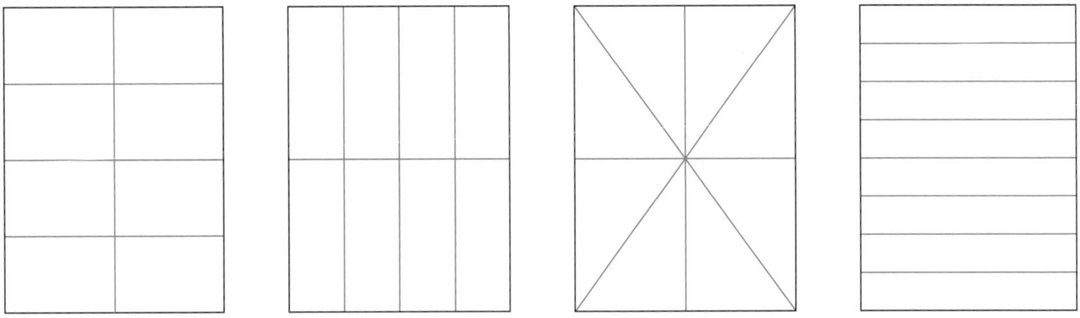

算数　　月　日　　とく点　　／100

21 はこの 形《かたち》

1 右の はこの へんを 切《き》って、ひらくと 下の 形《かたち》に なります。

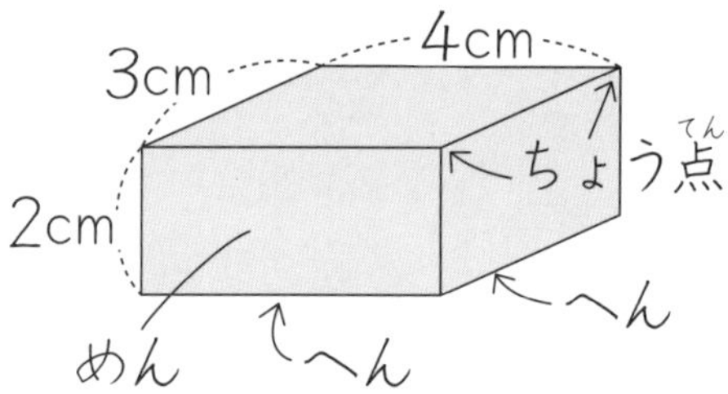

（1cm ほうがん）

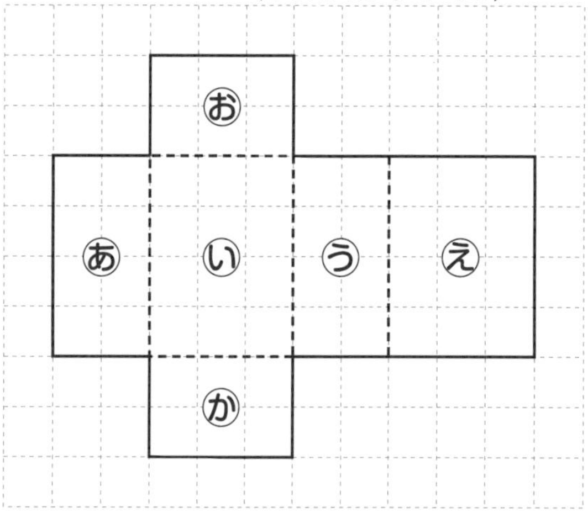

太《ふと》い 線《せん》は 切った へんを あらわし、点線《てんせん》は おり目の へんを あらわします。

① はこで、あの めんと むかいあう めんは どれですか。（10点《てん》）

答《こた》え ＿＿＿＿＿＿

② はこで、おの めんと むかいあう めんは どれですか。（10点）

答え ＿＿＿＿＿＿

③ はこには めんが 何《なん》こ ありますか。（10点）

答え ＿＿＿＿＿＿

④ めんの 形は 何と いいますか。（10点）

答え ＿＿＿＿＿＿

ヒント

さいころの　めんは　6つです。ですから、1から　6までの　目が　かいてあります。さいころの　目は、むかいあう　めんの　目を　たすと　7に　なります。

2 つぎの　図《ず》は、さいころを　ひらいた　形です。

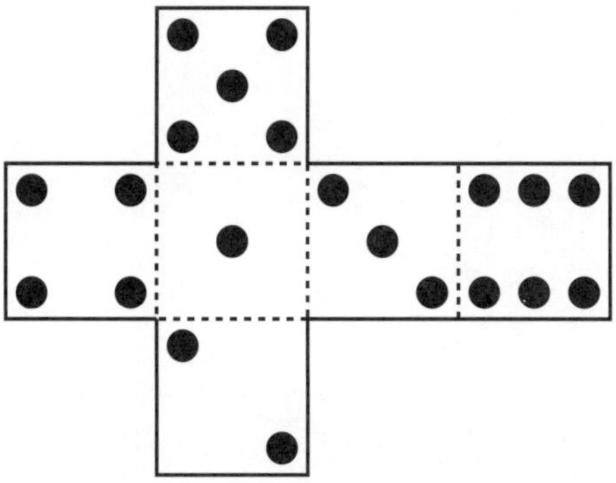

① さいころの　めんは　何こ　ありますか。（10点）

答え

②  と　むかいあう　めんの　図を　かきましょう。（10点）

答え

③ めんの　形は　何と　いいますか。（10点）

答え

3 ひごと　ねん土の　玉で、はこの　形を　作ります。

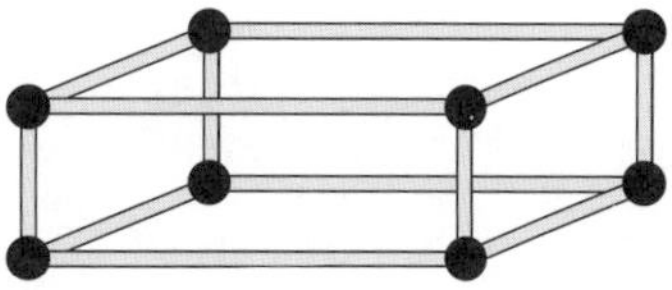

① ねん土の　玉は　何こ　いりますか。（10点）

答え

② 同《おな》じ　長《なが》さの　ひごは　何本ずつ　いりますか。（10点）

答え

③ ひごは、ぜんぶで　何本　いりますか。（10点）

答え

月　　日

とく点　／100

1　春《はる》の七《なな》草《くさ》

1 春《はる》の七草《ななくさ》の　名《な》前《まえ》を［　　］から　えらんで（　　）に　かきましょう。知《し》っている　七草の　◯を　赤く　ぬりましょう。
図《ず》かんなどを　見て、色《いろ》を　つけましょう。

（1つ　10点《てん》・◯が　ぬれたら　30点）

①

◯

（　　　　　　　　）

②

花と　み

◯

（　　　　　　　　）

③

◯

（　　　　　　　　）

④

◯

（　　　　　　　　）

ヒント

春《はる》の七草《ななくさ》は「食《た》べられる　七草」です。１月７日に「七草がゆ」として、春の七草を　食べる　しゅうかんが　あります。

⑤

⑥

⑦

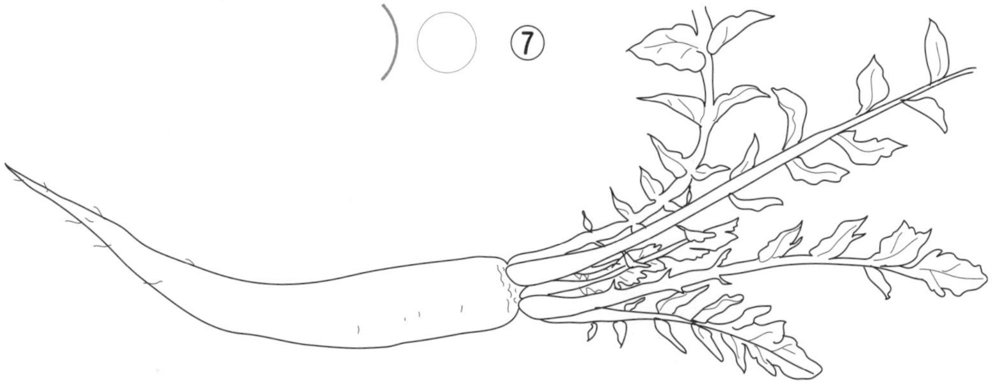

セリ　ナズナ（ペンペングサ）

ゴギョウ（ハハコグサ）　ハコベラ（ハコベ）

ホトケノザ（タビラコ）　スズナ（カブ）

スズシロ（ダイコン）

生活　　月　　日　　とく点

2 秋《あき》の七《なな》草《くさ》

／100

1 秋《あき》の七草《ななくさ》の　名前《なまえ》を［　　　］から　えらんで（　　）に　かきましょう。知《し》っている　ものの　◯を　赤く　ぬりましょう。

図《ず》かんなどを　見て、色《いろ》を　つけましょう。

（1つ　10点《てん》・◯が　ぬれたら　30点）

①

◯
（　　　　　　　　）

②

◯
（　　　　　　　　）

③

◯
（　　　　　　　　）

ヒント

秋《あき》の七草《ななくさ》は、むかしは　どこにでも　見られる　草花でした。

④

（　　　　　　　　）

⑤

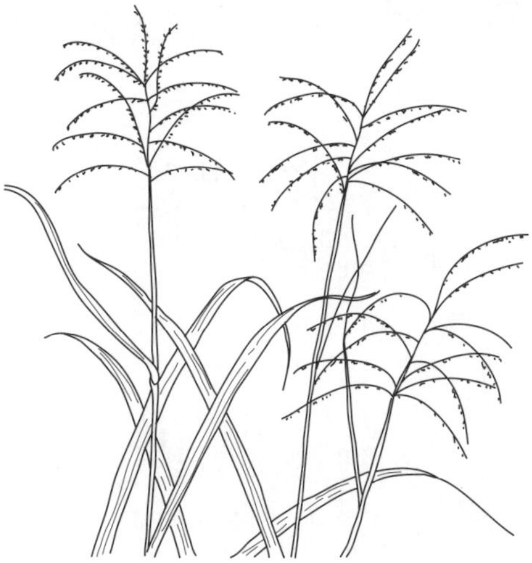

（　　　　　　　　）

⑥

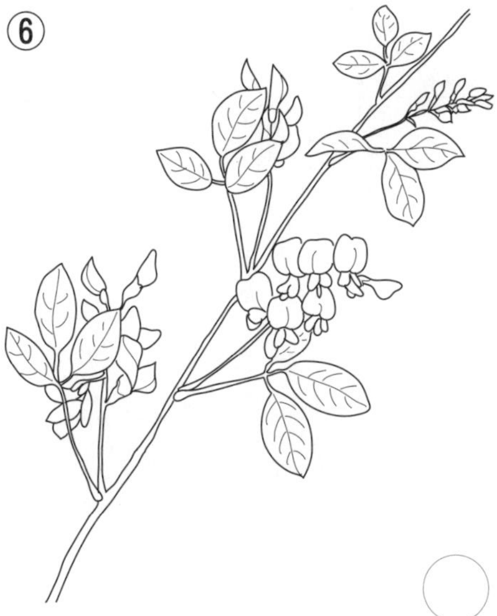

（　　　　　　　　）

⑦

（　　　　　　　　）

ハギ　　ススキ　　キキョウ　　ナデシコ

オミナエシ　　クズ　　フジバカマ

生活

月　　日

3 パンを　つくる

とく点

／100

1 家《いえ》の　人と　パンを　つくろう！

パンを　つくるには　どんな　ざいりょうが　ひつようですか。□の　中から　その　ざいりょうを　えらんで　かきましょう。

（1つ　10点《てん》）

① （　　　　　　　　）…… 白い　こな　200 g《グラム》

② （　　　　　　　　）…… パンを　ふくらます　菌《きん》　小《こ》さじ　1ぱい

③ （　　　　　　　　）…… なめると　あまい　もの　15 g《グラム》

④ （　　　　　　　　）…… なめると　しょっぱい　もの　小《こ》さじ　はんぶん

⑤ （　　　　　　　　）…… 牛《ぎゅう》にゅうから　つくる　もの　30 g《グラム》ぐらい

⑥ 水や　牛にゅう …… やく 100 cc《シーシー》

バター　　小麦《こむぎ》こ（強力《きょうりき》こ）　　しお

イースト　　さとう

小麦《こむぎ》は　こなにして、パンや　めんに　なります。
大麦は、麦茶《むぎちゃ》、ビール、みそ、しょうゆ　などに　なります。

2 パンを　つくります。下の　絵《え》を　パンを　つくる　じゅん番《ばん》に　ならべましょう。□に　絵《え》の　ⓐ～ⓚの　記《き》ごうを　かきましょう。　（1つ　10点）

①		②		③		④		⑤		⑥
□	→	□	→	□	→	□	→	□	→	か

あ

ふくらむまで　まつ

い

こねる

う

ざいりょうを　まぜる

え

やく

お

形《かたち》を　つくる

か

できあがり

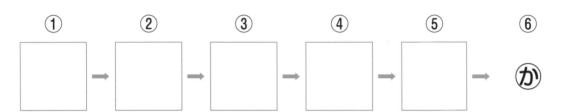

4　しごと (1)　時間《じかん》

1 パン工場《こうじょう》では　いろいろな　人が　はたらいています。
下の　ひょうを　見て　しつもんに　答《こた》えましょう。

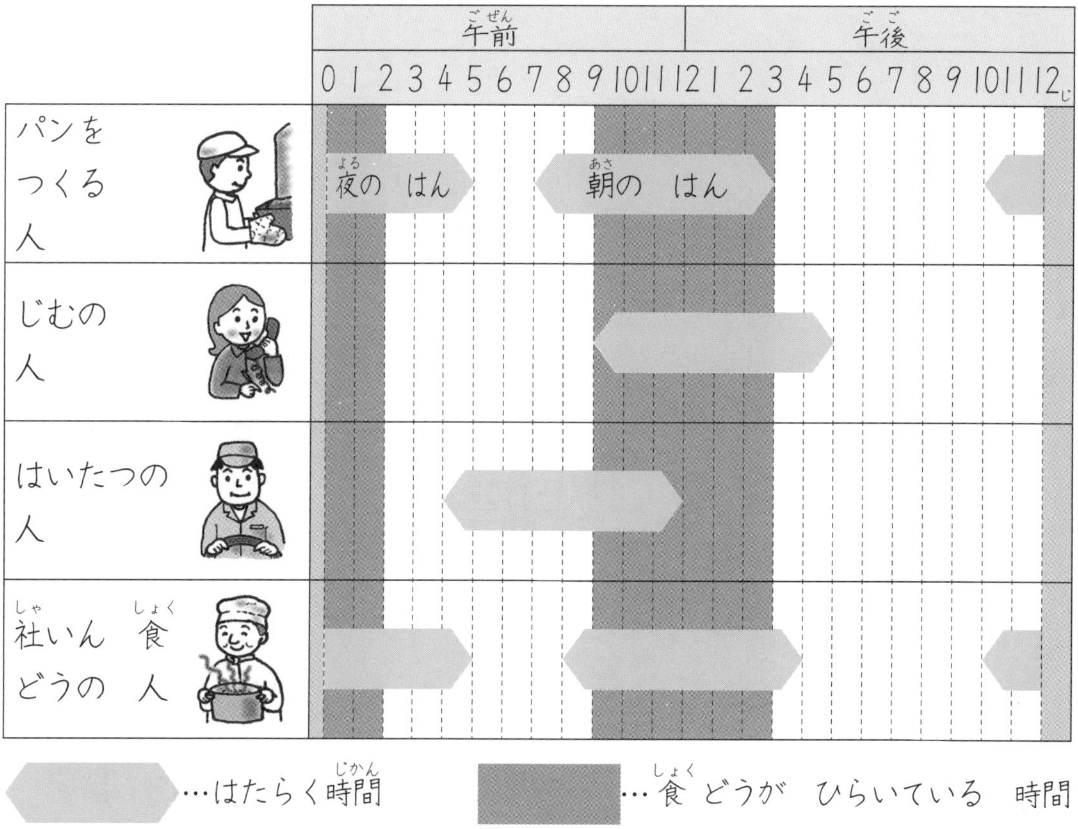

(1)　パン工場では、どんな　しごとを　する　人が　はたらいて　いますか。　（1つ　5点《てん》）

(2)　じむの　人は　何時《なんじ》から　何時まで　はたらいて　いますか。　（○1つ　5点）

午前《ごぜん》 ○ 時《じ》から　　午後《ごご》 ○ 時《じ》まで

ヒント

パンを 店《みせ》で やいている パンやさんは、朝《あさ》の 6時《じ》ごろには
パンが できるように 朝早《あさはや》くから はたらいています。

(3) パンを つくる 人は 2つの はんに わかれています。
それぞれの しごとの 時間を かきましょう。 (○1つ 5点)

夜《よる》の はんの 人	午後◯時から 午前◯時まで
朝《あさ》の はんの 人	午前◯時から 午後◯時まで

2 つぎの しごとのうち、朝早《あさはや》くや ま夜中《よなか》に しごとを しなければ ならない ものには、( )に ○を つけましょう。(○は 8こ あります) (1つ 5点)

① ( ) かんごし
② ( ) 新聞《しんぶん》はいたつ
③ ( ) やおや
④ ( ) トラックの うんてん手《しゅ》
⑤ ( ) タクシーの うんてん手
⑥ ( ) 図書《としょ》かんの しごと
⑦ ( ) ぎんこうの しごと
⑧ ( ) りょうし
⑨ ( ) コンビニの店《てん》いん
⑩ ( ) けいさつかん
⑪ ( ) 文ぼうぐや
⑫ ( ) ゆう園地《えんち》の しごと

3 あなたの 家《か》ぞくの 人に はたらいている 時間を 聞《き》いて かきましょう。 (10点)

だれ

時から 時まで

生活　　月　日

5　しごと (2)　工場《こうじょう》

とく点　　／100

1 家《いえ》に　ある　ものの　中には　工場《こうじょう》で　つくられた　ものが　あります。ものの　名前《なまえ》を　□から　えらんで　(　　)に　かきましょう。また、工場で　つくられている　ものには　○を、つくられて　いない　ものには　△を　つけましょう。

(1つ　5点《てん》)

れいぞうこ	ほうちょう	バケツ	電話《でんわ》き
電気《でんき》スタンド	ドライバー	バナナ	自《じ》どう車《しゃ》
いろえんぴつ	さつまいも	りんご	クワガタ

①
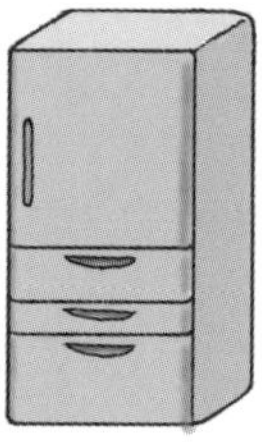
(　　　　)□

②

(　　　　)□

③

(　　　　)□

④

(　　　　)□

⑤

(　　　　)□

⑥
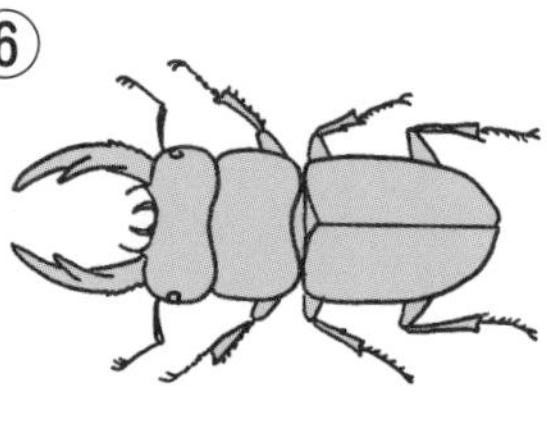
(　　　　)□

ヒント

かわぐつは　工場《こうじょう》で　つくる　ものが　多《おお》いですが、くつやさんが
手ぬいで　つくる　ものも　あります。

⑦

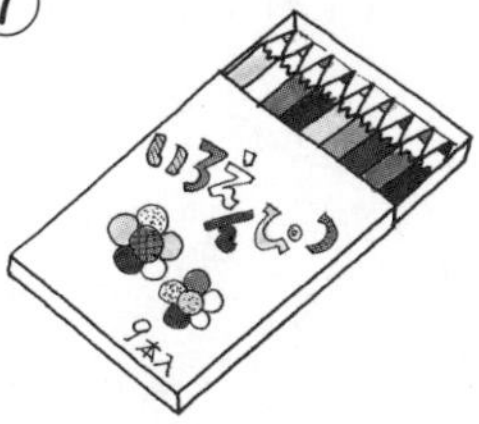

（　　　　　）□

⑧

（　　　　　）□

⑨

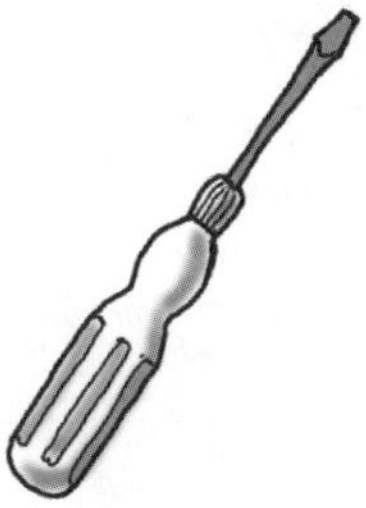

（　　　　　）□

⑩

（　　　　　）□

⑪

（　　　　　）□

⑫

（　　　　　）□

2 家に　ある　もので　工場で　つくられている　ものを　見つけて、その　名前を　かきましょう。　（1つ　20点）

金《かな》ものや　電気《でんき》
せいひん

糸《いと》や　ぬの（せんい）
で　つくられた　もの

生活

月　日

とく点

6 しごと ⑶ まちの しごと

／100

1 つぎの　人は　どんな　しごとを　して　いる　人ですか。しごとの　名前《なまえ》を　□から　えらび、かきましょう。また、どんな　しごとを　しているか　□の　中から　えらび、その　記《き》ごうを　（　）に　かきましょう。（□は1つ　10点《てん》、（　）は　1つ　5点）

①

（　　）

②

（　　）

③

（　　）

④

（　　）

ヒント
まちの　しごとは、たくさん　あります。どの　しごとも　大じです。ひとつの　しごとでも　なくなれば、それだけ　くらしにくく　なります。

ようせつし　　クリーニングや　　びようし
自《じ》どう車《しゃ》せいびし　　コック　　肉《にく》や

あチャーハンを　つくる　いかんなを　かける　う肉《にく》を　切《き》る
えかみを　切《き》る　おタイヤを　こうかんする　かアイロンを　かける
きてつを　とかして　つなぐ　くビルの　ゆかを　そうじする

⑤

（　　）

⑥

（　　）
せいそういん

⑦

（　　）

⑧

（　　）
大《だい》工《く》

生活　　月　日

7 しごと (4)　そだてる しごと

とく点　／100

1 のうかの 人たちが いろいろな ものを そだてたり つくったり して います。どんな しごとを して いるのか □の 中から えらんで その ことばを □に かきこみましょう。
（1つ 10点《てん》）

①

②

③

④

⑤

ヒント

食《た》べものを　食べるのは　かんたんですが、やさいづくりも、みかんづくりも、牛《うし》を　そだてるのも　手間《てま》と　時間《じかん》の　かかる　しごとです。

みかんづくり　お茶《ちゃ》づくり　木を うえる
らくのう（牛《うし》を そだてる）　ようとん（ぶたを そだてる）
ようけい（にわとりを そだてる）　米《こめ》づくり　花づくり
野《や》さいづくり　木を 切《き》り出す

⑥

⑦

⑧

⑨

⑩

生活

月　　日

8 もようを　つくろう (1)

◎色紙《いろがみ》を　2回《かい》おって、形《かたち》を　かいて　切《き》ります。

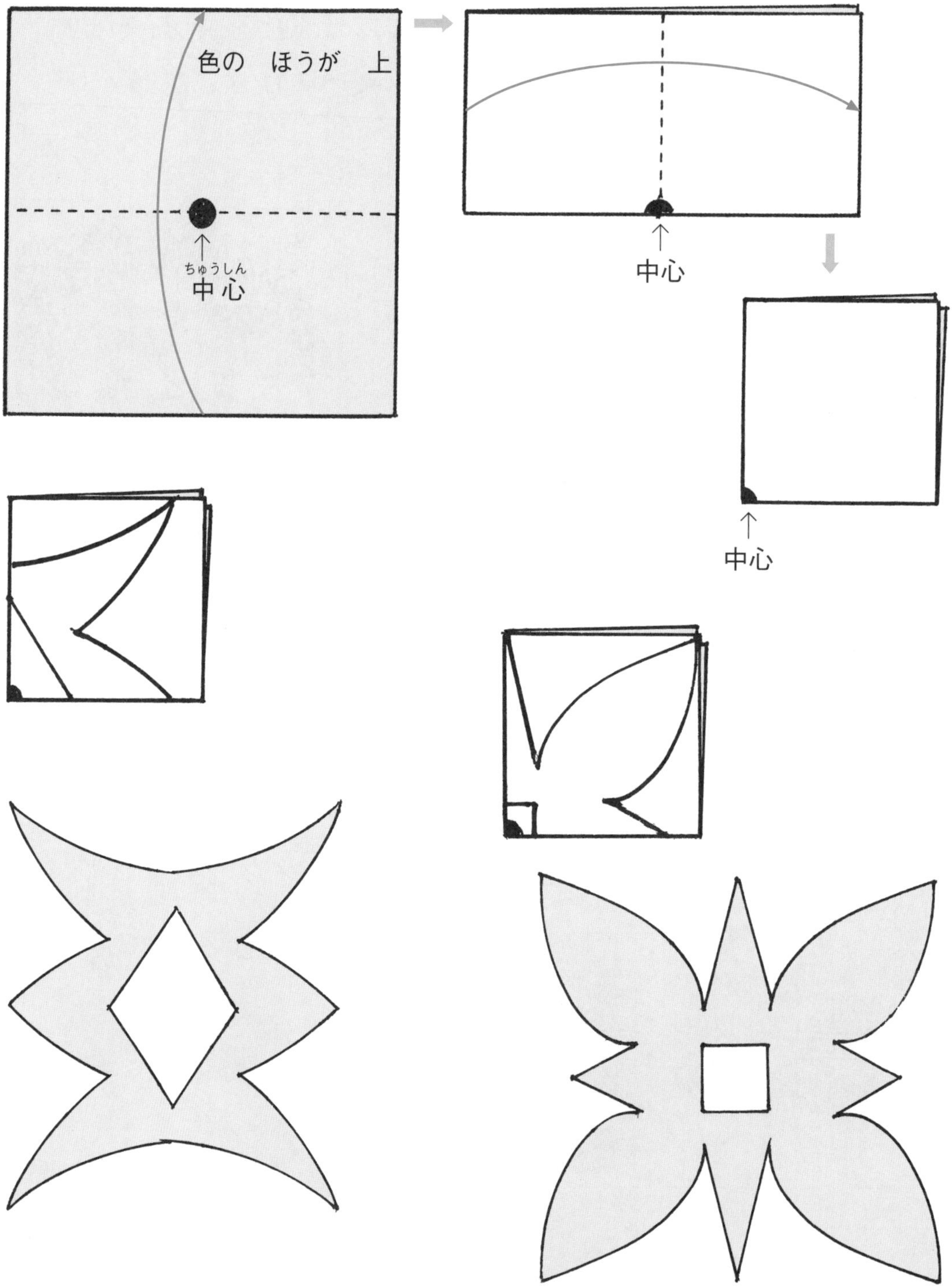

ヒント

切《き》ってから　ひらく　前《まえ》に、どんな　形《かたち》に　なるか、そうぞう　してみましょう。

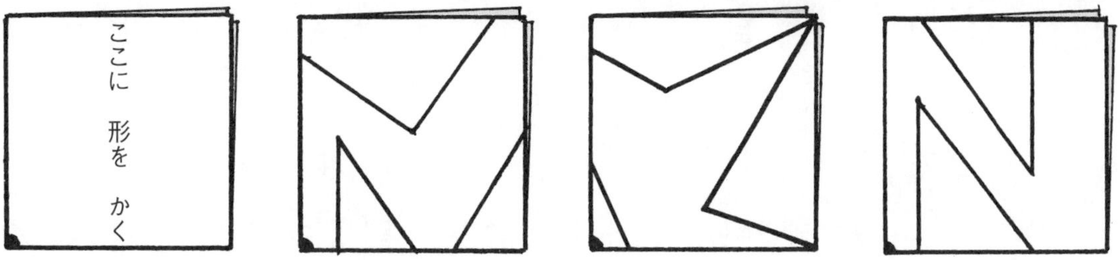

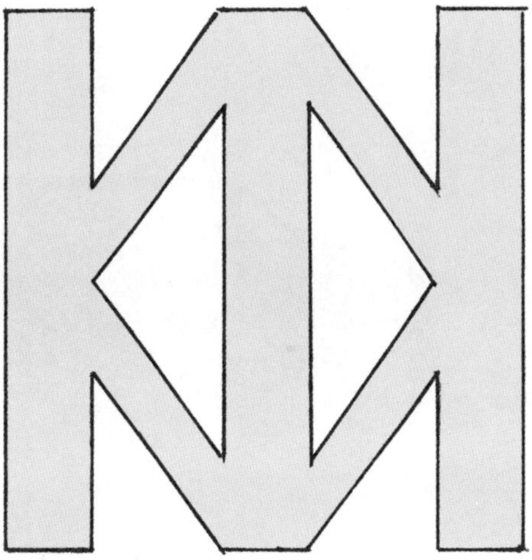

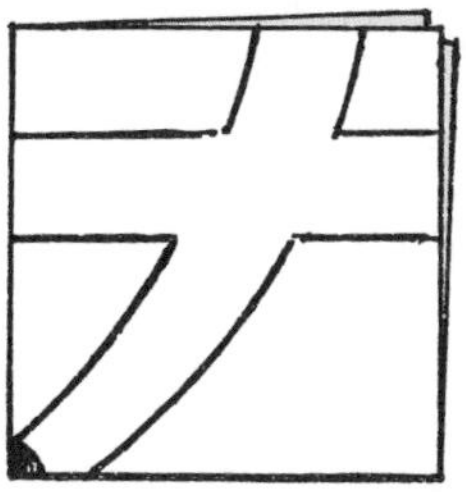

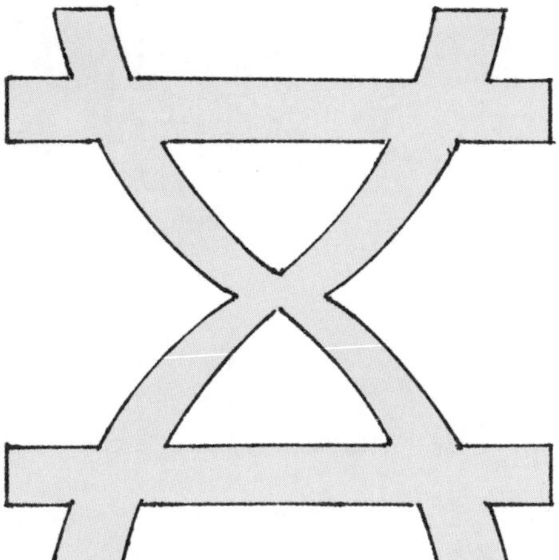

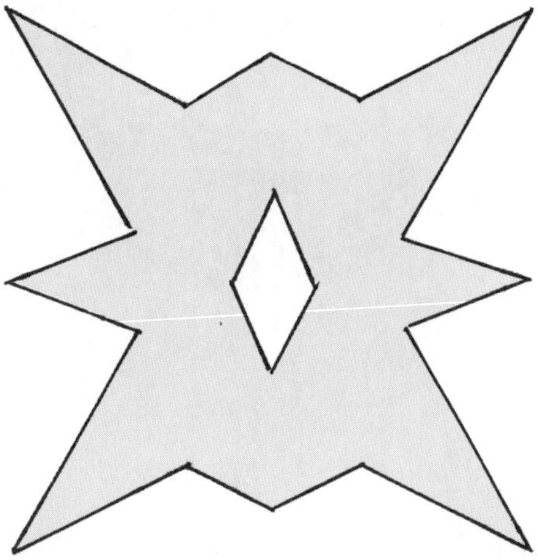

生活　　月　日

9 しごとを　する　車《くるま》

とく点　／100

1 つぎの　車や　自《じ》てん車・バイクは　どんな　しごとを　していますか？　絵《え》に　あう　車の　名《な》前《まえ》を　□の　中から　えらんで　かきましょう。また、どんな　しごとを　しているか　□の　中から　えらび、その　記《き》ごうを（　）に　かきましょう。

（□は１つ　10点《てん》、（　）は　１つ　５点）

①

（　　）

□

②

（　　）

□

③

（　　）

たくはい車

④

（　　）

□

ヒント

むかしは、ものを　はこぶ　車は、人の　力で　引《ひ》いたり　おしたり　していました。に車や　リヤカーなどです。馬《うま》に　引《ひ》いてもらう　馬車《ばしゃ》も　ありました。

ゆうびんしゅうはい車　　けいトラック　　タクシー
レッカー車　　タンクローリー　　出前《でまえ》オートバイ

ⓐりょうりを　とどける　ⓘ車を　引《ひ》いて　いどうする
ⓤにもつを　1けんずつ　とどける
ⓔ手紙《てがみ》や　小づつみを　はいたつする　ⓞガソリンなどを　はこぶ
ⓚ人を　はこぶ　ⓚⓘ車を　のせて　はこぶ　ⓚⓤものを　はこぶ

⑤

(　　)

キャリアカー

⑥

(　　)

⑦

(　　)

⑧

(　　)

生活　　月　　日

10 たくはいびん

とく点　　／100

1 あなたの 家《いえ》に たくはいびんが とどいた ことが あるでしょう。とどいた ことが あるものは、（　　）に ○を つけましょう。（○が ついたら 20点《てん》）

（　　）お中げん　　（　　）おせいぼ　　（　　）くだもの

（　　）お米《こめ》　　（　　）野《や》さい　　（　　）電気《でんき》せいひん

（　　）べんきょうの 本や 絵本《えほん》など

（　　）おかし　　（　　）おたん生日プレゼント

（　　）いりょうひん（ふく・きものなど）

（　　）れいとう食《しょく》ひん（カニ・魚《さかな》・肉《にく》など…）

上に ない もので とどいた ものが あれば かきましょう。

2 これまで 家《か》ぞくの 人が たくはいびんを おくった ことが ありますか？ だれに 何《なに》を おくりましたか。（かけたら 20点）

だれに	
何を	

ヒント

むかしは、小づつみは　ゆうびんきょくから、にもつは　えきから　おくりました。今《いま》は、たくはいびんで　おくるものが　多《おお》く　なりました。

3 絵に　あう　せつめいを　□　からえらんで（　　）の　中に　記《き》ごうを　かきましょう。（1つ　15点）

①（　　　）

②　にもつを　車で　あつめる

③（　　　）

ターミナル

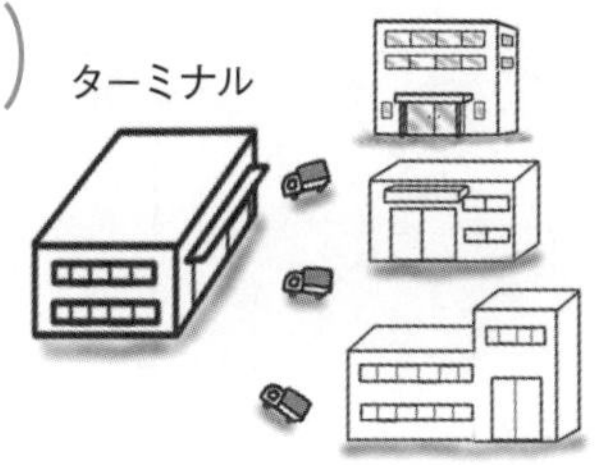

④（　　　）

ターミナル

えいぎょうしょ　⑤（　　　）

⑥　にもつが　とどく

あ　店《みせ》に　もって　いって　でんぴょうに　あて先などを　かく。

い　えいぎょうしょから　とどいた　にもつを　ターミナルで　分《わ》け　つぎの　ターミナルへ　大がた　トラックで　はこぶ。

う　あつめた　にもつを　えいぎょうしょで　行《い》き先べつに　分け、コンピュータで　せいりする。

え　ターミナルから　行き先近《ちか》くの　えいぎょうしょに　おくる。

月　　日

11 とばそう（1）　へそひこうき

◎へそが　ついている　ひこうきを　つくりましょう。よく　とびますよ。

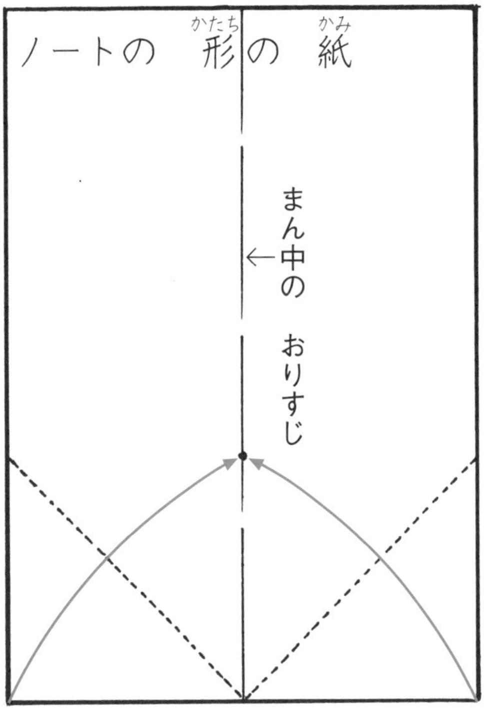

①

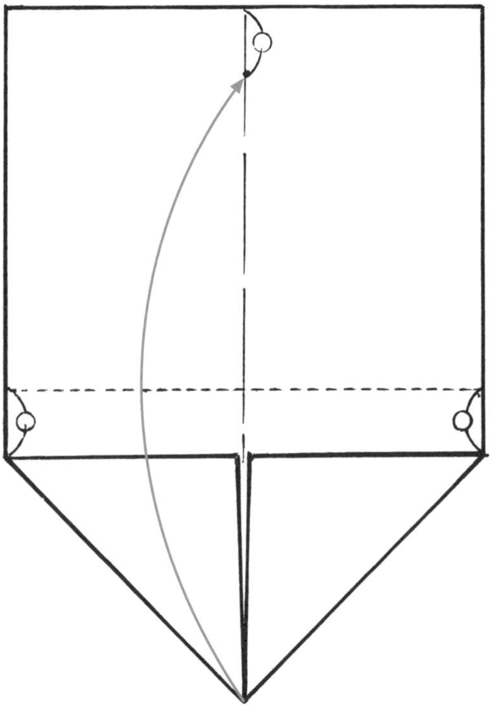

②

⑦

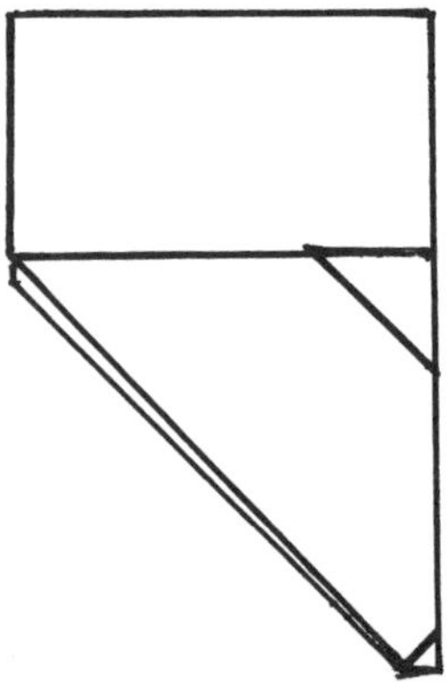

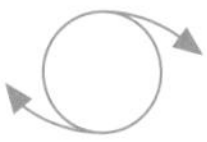

⑧

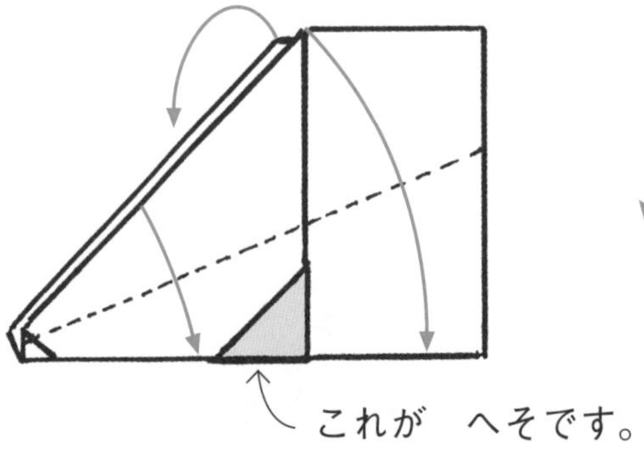

ヒント

とばす前《まえ》に、前から　見て　はねが　すこし　上むきに　なるように　しましょう。また、はねの　いちばんうしろを　すこし　上むきに　してみましょう。

③

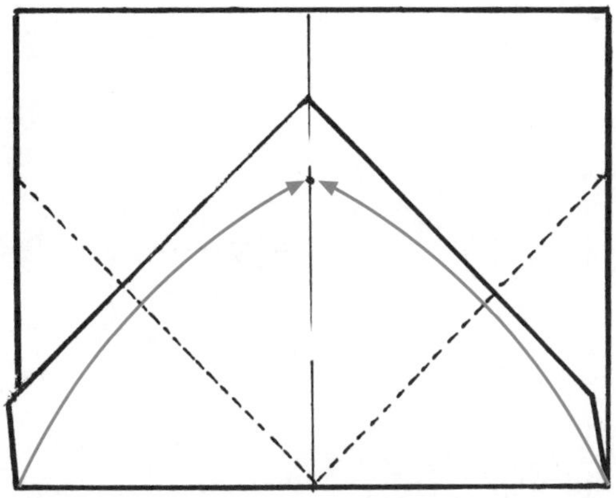

④

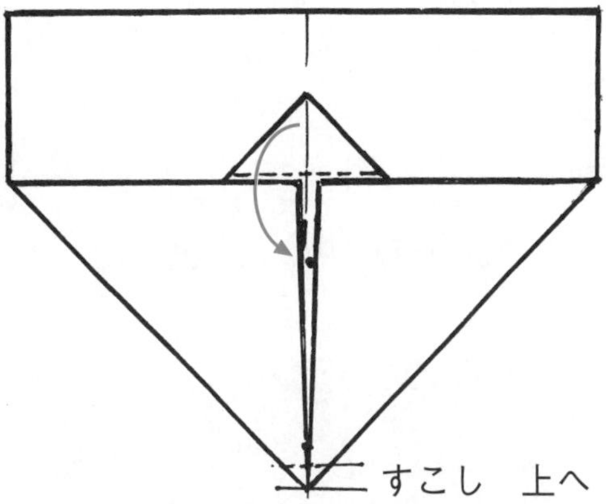

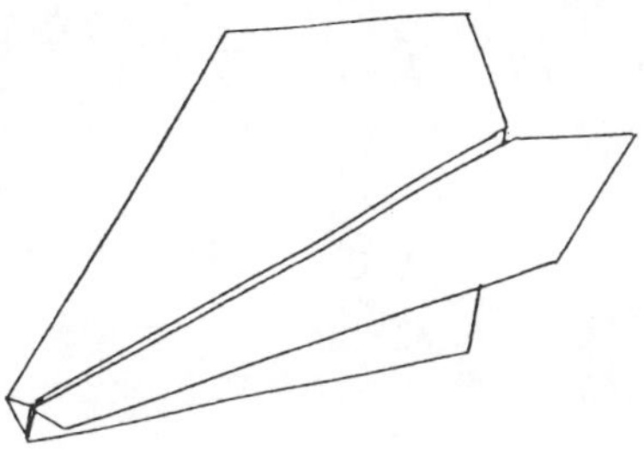

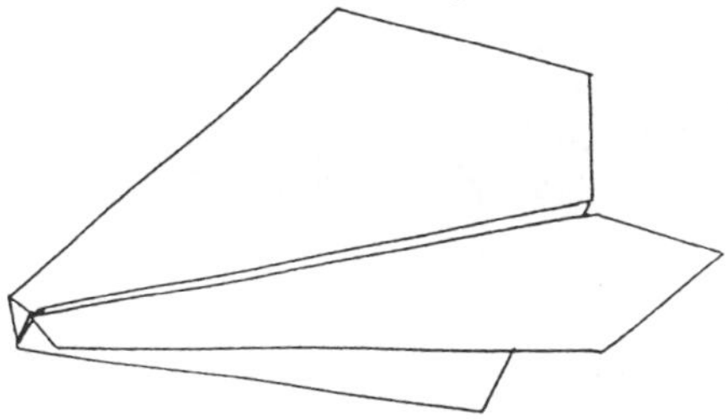

⑤

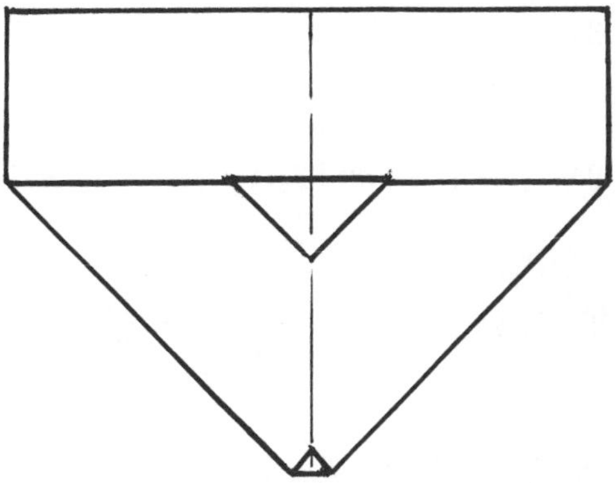

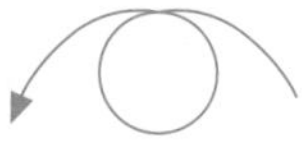

⑥

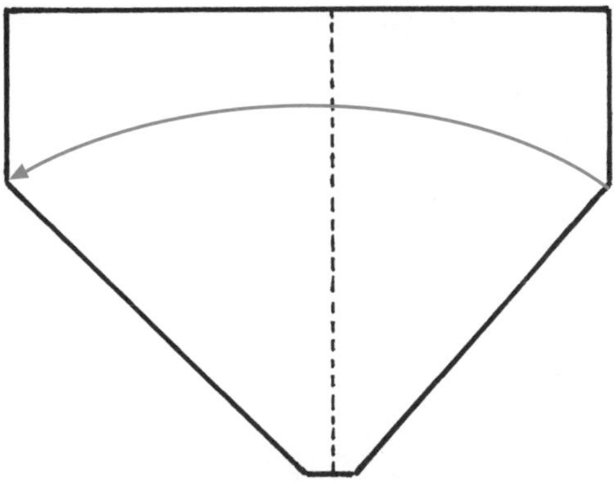

生活　　月　　日　　とく点

12 スーパーマーケット（1）

／100

1 近《ちか》くの　スーパーに　行《い》ってみましょう。つぎの　ものは　どこの　コーナーに　ありますか。線《せん》で　正しく　むすびましょう。（1つ　6点《てん》）

しなものの 名前《なまえ》	コーナー
① もものかんづめ　•	• あ くだもの
② しょうゆ・しお　•	• い 野《や》さい
③ さしみ、アジ・サバ　•	• う 肉《にく》
④ だいこん・ピーマン　•	• え れいとう食《しょく》ひん
⑤ れいとうコロッケ　•	• お かんづめ
⑥ なし・みかん　•	• か インスタント食ひん
⑦ 牛肉《ぎゅうにく》・とり肉　•	• き 魚《さかな》
⑧ シャーベット　•	• く 台《だい》どころ用《よう》ひん
⑨ コーヒー牛にゅう　•	• け ちょうみりょう
⑩ ゴミぶくろ・しゃもじ　•	• こ アイスクリーム
⑪ カップラーメン　•	• さ 牛にゅう

ヒント

スーパーマーケットは、多《おお》くの　食《しょく》りょうひんを　ならべています。
日用《にちよう》ひんを　おいている　ところも　あります。

2 スーパーで　つかう　ことばを　せつ明《めい》している　ものを　線で　むすびましょう。（1つ　5点）

①バーコード　・

②レジ　・

③カート　・

④マイバッグ　・

⑤レシート　・

⑥セール　・

・　Ⓐ　かったものを　入れるための　自分ようの　かいものぶくろ。

・　Ⓘ　買《か》った　しなものと　その　ねだんを　書《か》いた　紙《かみ》。

・　Ⓤ　いつもより　ねだんを　下げて　売《う》る。

・　Ⓔ　太《ふと》さや　すきまの　ちがう　黒《くろ》い　線の　記《き》ごう。

・　Ⓞ　しなものの　合計《ごうけい》の　ねだんを　出す。お金を　はらう。

・　Ⓚ　にもつを　はこぶ　ための　手で　うごかす　車。

3 あなたの　家《いえ》の　近《ちか》くに　ある　スーパーや、行った　ことの　ある　スーパーの　名前《なまえ》を　かきましょう。（4点）

月　　日

とく点　／100

13 スーパーマーケット (2)

1 近《ちか》くの　スーパーで　買《か》いものを　しました。

つぎの　レシートを　よく　見て、レシートから　わかる　ことを　□　の　中に　かきましょう。（1つ　10点《てん》）

スーパー
エイト

○○市《し》大町《おおまち》5の8

☎06(39)1235

今月も休まず 夜《よる》9時《じ》までひらいています。

2020年2月9日（日）
17：30

たまご	¥178
白《はく》さい（はん分《ぶん》）	¥152
カレイきりみ	¥350
もも肉《にく》（530 g《グラム》）	¥531
キャベツ	¥180
ハム	¥450
なっとう	¥150
支払合計《しはらいごうけい》	¥1991
お預《あずか》り	¥2000
お釣《つ》り	¥9
お買上点数《かいあげてんすう》	7点

※税《ぜい》は入れていません。

① スーパーの　名前《なまえ》は　何《なん》ですか。

② 買《か》いものを　したのは　いつですか。

月　　日

③ キャベツの　ねだんは　いくらですか。

円

④ 買いものを　した　時《じ》こくは　何時何分ですか。

時　　分

⑤ 合計《ごうけい》　いくらの　買いものを　しましたか。

円

⑥ おつりは　いくら　もらいましたか。

円

ヒント

スーパーマーケットは、曜日《ようび》や　時間《じかん》によって、わりびきを　しています。
ほとんどの　スーパーマーケットが　ポイントカードを　出しています。

2 しらべてみよう！

家《いえ》の　人に　スーパーの　レシートを　もらって　つぎの　ことを　しらべてみよう。

（①②④1つ　10点・③1つ　5点）

のりで レシートを はろう

① スーパーの　名前は　何ですか。

② 買いものを　したのは　いつですか。

月　　日

③ しなものの　中で　一番《ばん》　ねだんの　高《たか》い　ものは　何ですか。ねだんは　いくらですか。

・しなもの

・ねだん　　円

④ 合計　いくらの　買いものを　しましたか。

生活　月　日　とく点

14 交《こう》通《つう》あんぜん

／100

1 町には、いろいろな　交通《こうつう》ひょうしきが　あります。つぎの　交通ひょうしきは、どんな　いみが　ありますか。線《せん》で　むすびましょう。

（1つ　10点《てん》）

① 

② 

③ 

㋐ 一時《いちじ》てい止《し》
（かならず　止《と》まって　あんぜんを　たしかめてから　すすみましょう。）

㋑ 車りょうしん入きん止《し》
（車は、この道《みち》に　入っては　いけません。）

㋒ 学校《がっこう》・ようちえん・ほいくしょなど　あり
（近《ちか》くに　学校などが　あり子どもが　います。）

ヒント

交通《こうつう》ひょうしきの　ほかにも、町には　いろいろな　ひょうしきが　あります。いみの　わからない　ひょうしきは　ノートに　書《か》いて、あとで　聞《き》いてみましょう。

④ 　・　　・　ⓔ ふみきり　あり
（電車《でんしゃ》の　ふみきりに　ちゅういしましょう。）

⑤ 　・　　・　ⓞ 歩行者《ほこうしゃ》　おうだんきん止
（歩行者は、ここで　道《どう》ろを　わたっては　いけません。）

⑥ 

・　　・　ⓚ 自《じ》てん車　おうだんたい
（自てん車が　おうだんします。）

2 自てん車に　のる　とき　正しい　ことには　○を、まちがっている　ことには　×を（　　）に　かきましょう。（1つ　10点）

① （　　）自てん車の　二人のりは　あぶないので　しません。

② （　　）車は　自てん車を　見つけると　止まってくれるので　どの　道で　よこぎっても　かまいません。

③ （　　）自てん車は　車と　同《おな》じ　道の　左がわを　走《はし》るようにします。

④ （　　）自てん車は、スピードを　いくらでも　出して　走って　かまいません。

生活　　月　日

15 もようを　つくろう (2)

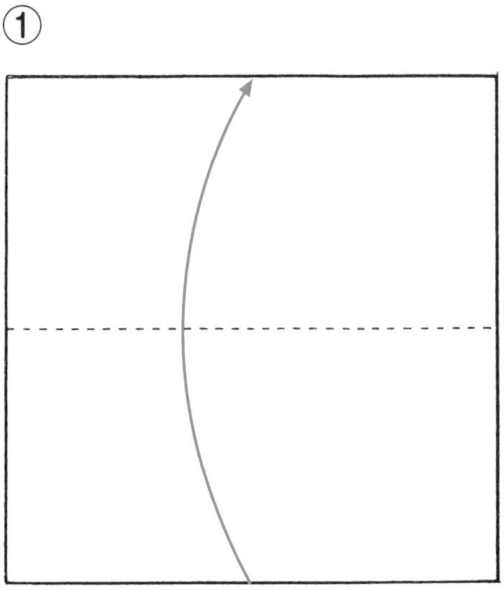

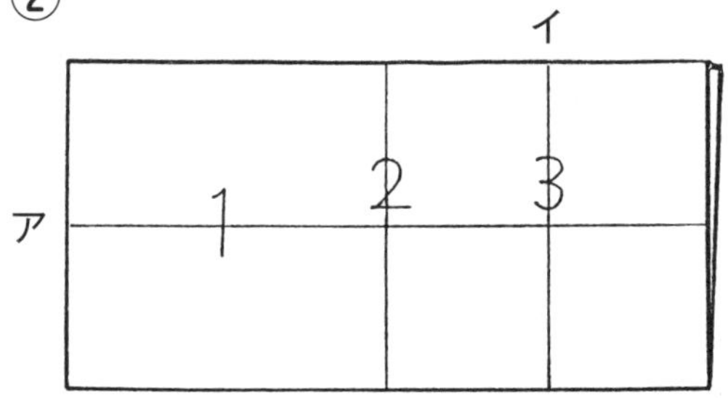

1.2.3の　おりすじを　つける

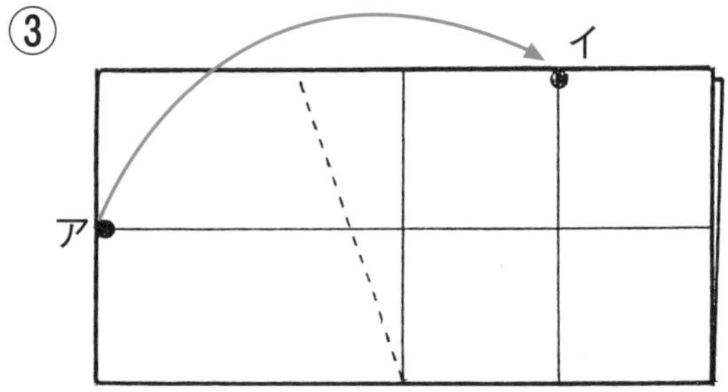

アと　イを　あわせて　おる。

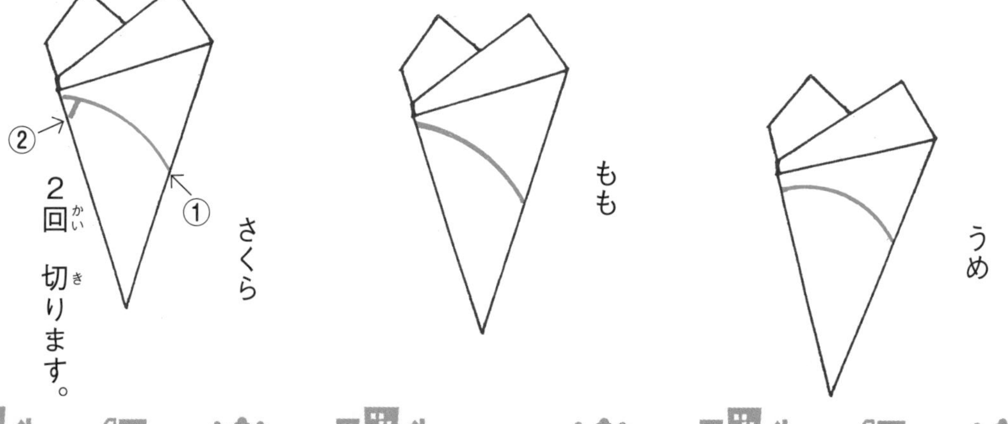

ヒント

この　おりかたは、５回《かい》おり（①③④⑤⑦の　５回おる）です。（②は　おりすじを　つけるだけ、⑥は　ひっくりかえすだけで　おっていません。）

④

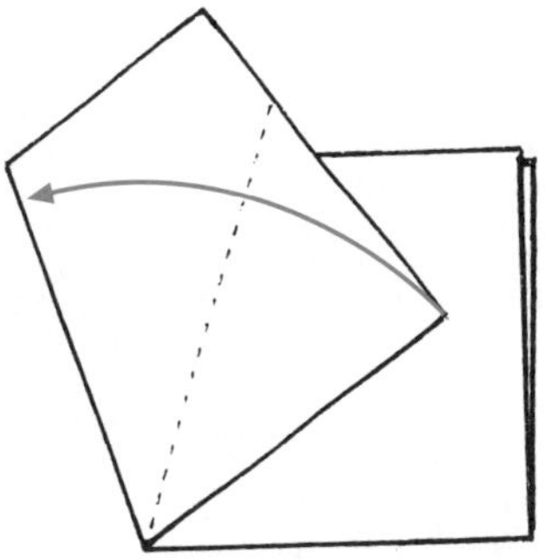

⑤

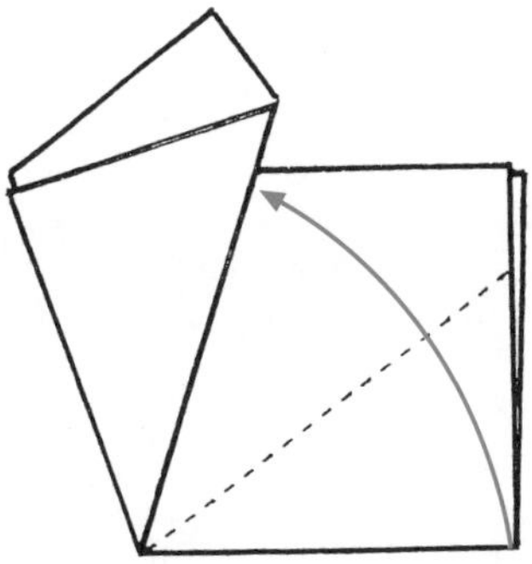

⑥

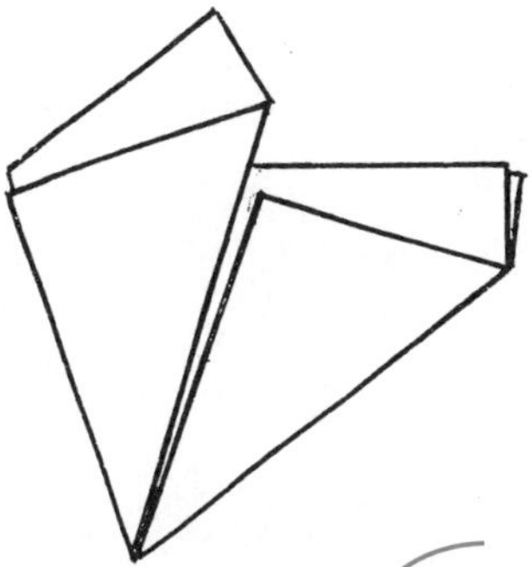

⑦

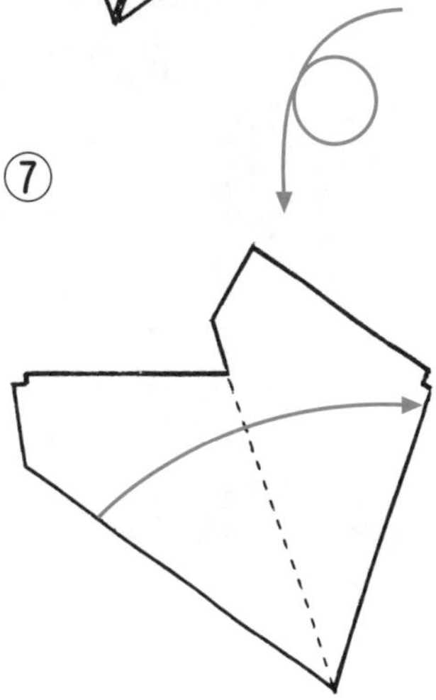

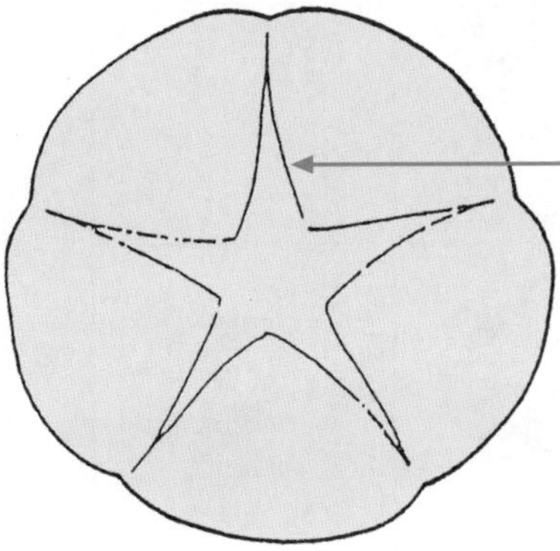

この　線《せん》を　あとで
書《か》きましょう。

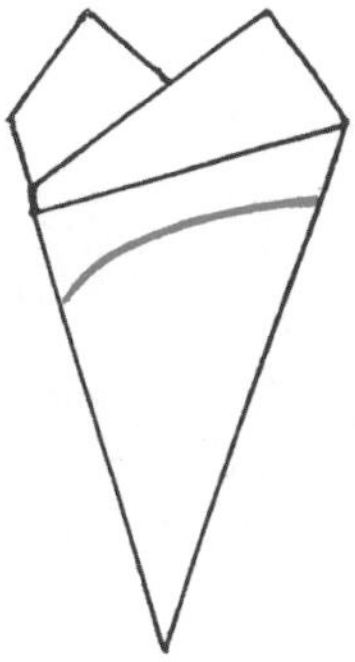

あさがお

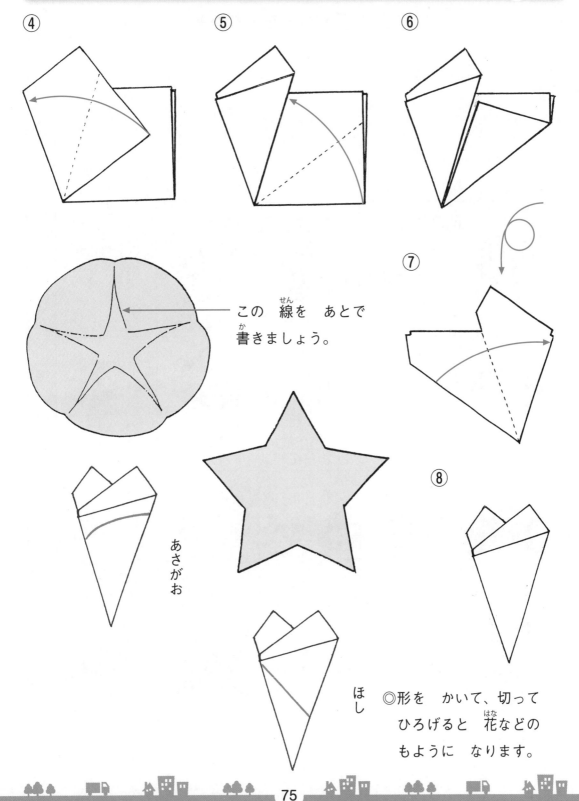

⑧

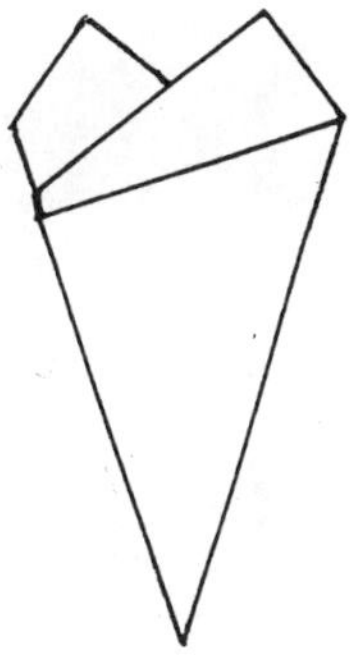

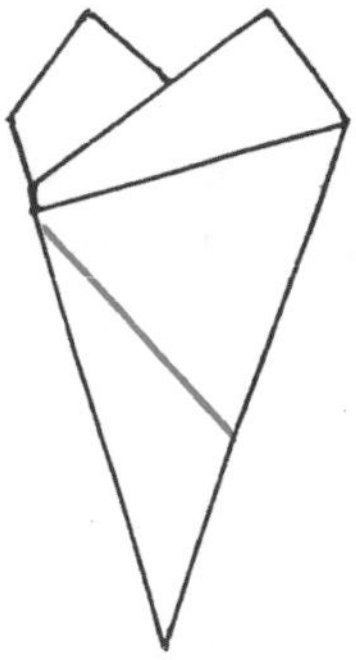

ほし

◎形を　かいて、切って
ひろげると　花《はな》などの
もように　なります。

生活

月　日

16 場《ば》しょや　方《ほう》こう（1）

とく点

／100

上・下・右・左・ななめ

ヒント

場《ば》しょ（いち）の　あらわし方《かた》は、どこから　はじめるかで、いろいろな　いい方が　できます。ねこの　場しょを　いろいろな　いい方で　いいあらわしましょう。

1 どうぶつや　虫が　すんでいる　5かいだての　マンションが　あります。つぎの　へやに　すんでいるのは　何《なん》ですか。その　名前《なまえ》を　かきましょう。　（1つ　10点《てん》）

① あきらさんの　すぐ　上の　かいの　へや　……

② あきらさんの　すぐ　右の　へや　……

③ 5かいの　左から　3番目の　へや　……

④ くまの　2かい上の　右から　2ばんめの　へや　……

⑤ うさぎから　4かい下の　かいの　左から　3番目の　へや　……

⑥ くまの　2かい上の　左から　2番目の　へや　……

⑦ うさぎの　へやの　右ななめ下の　へや　……

⑧ うみがめの　へやの　左ななめ上の　へや　……

⑨ きりんの　へやの　左ななめ下の　へや　……

⑩ かもしかの　2かい下の　へやから　3つ　となりの　へや　……

17 場《ば》しょや　方《ほう》こう (2)

右回《まわ》り・左回り

1 りょう足を　すこし　広《ひろ》げて　立ちましょう。そして　右回りに　回ってみましょう。

㋐㋑どちらが　右回りですか。正しい　方《ほう》に　○を　つけましょう。 (10点《てん》)

㋐

(　　　)

㋑

(　　　)

2 水道《すいどう》の　水を　出す　ときは、右、左　どちらに　じゃ口を回しますか。水を　止《と》める　ときは、どちらに　回しますか。回す　方こうに 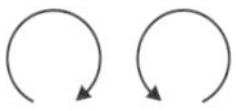を　かきましょう。 (1つ　5点)

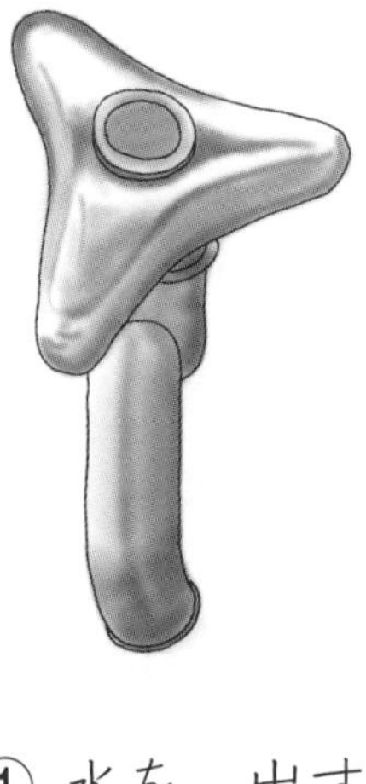

① 水を　出す

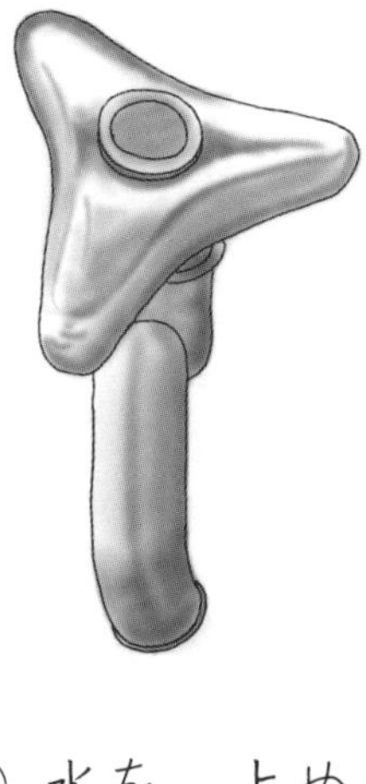

② 水を　止める

ヒント

うんどう場《じょう》の　まん中から　北《きた》を　見ると、校しゃが　あります。
うんどう場が　校しゃの　北にある　学校は　少《すく》ないようです。

東《ひがし》・西《にし》・南《みなみ》・北《きた》

3 東西南北《とうざいなんぼく》を　たしかめましょう。

（（　　）1つ　10点）

(1) 右の　方《ほう》いじしんの　絵《え》に　東《ひがし》・西《にし》・南《みなみ》・北《きた》を　かきましょう。

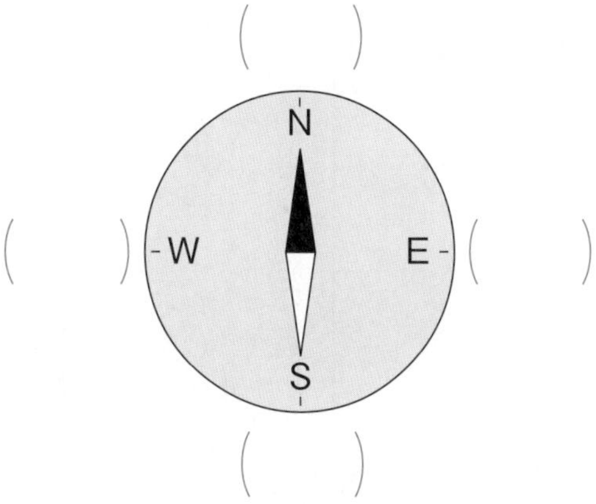

(2) ○を　つけましょう。

① 太《たい》ようが　のぼってくる　方いは（ 東・西・南・北 ）

② 太《たい》ようが　しずむ　方いは（ 東・西・南・北 ）

4 学校の　うんどう場《じょう》で、東・西・南・北に　何《なに》が　あるか　教《おし》えて　もらい、絵か　名前《なまえ》を　かきましょう。　（20点）

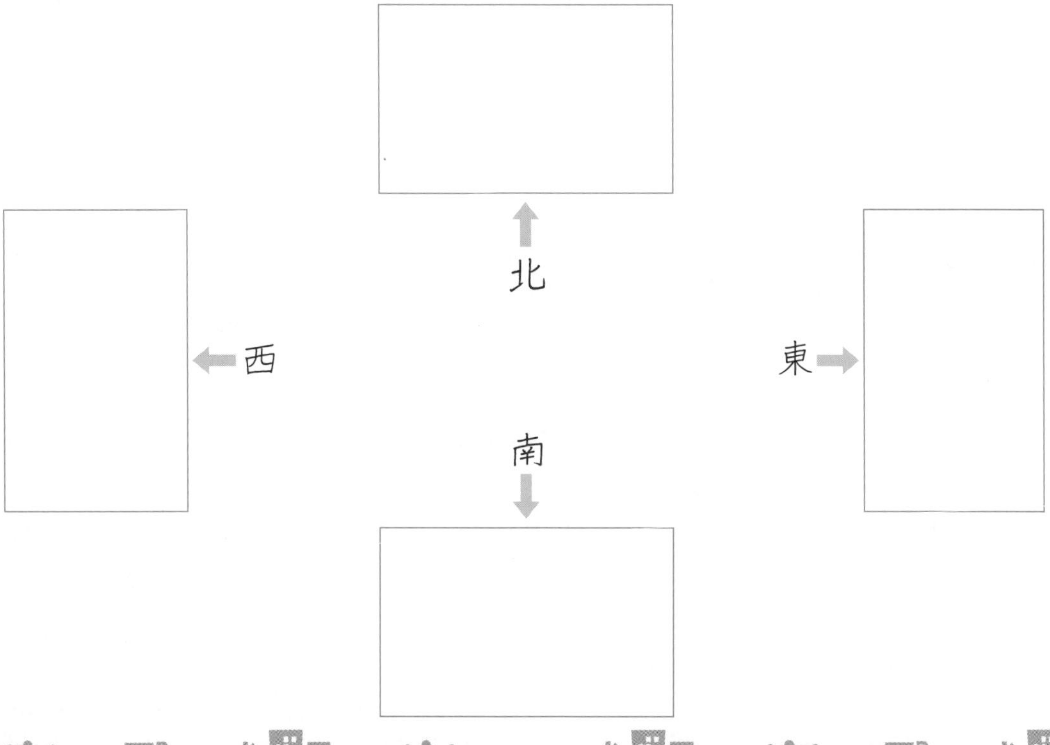

生活

月　日

18 とばそう (2)　いかひこうき

◎いかひこうきを　つくりましょう。

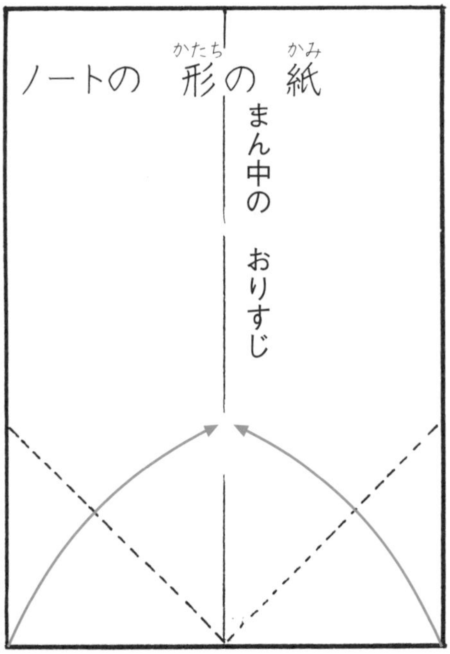

①

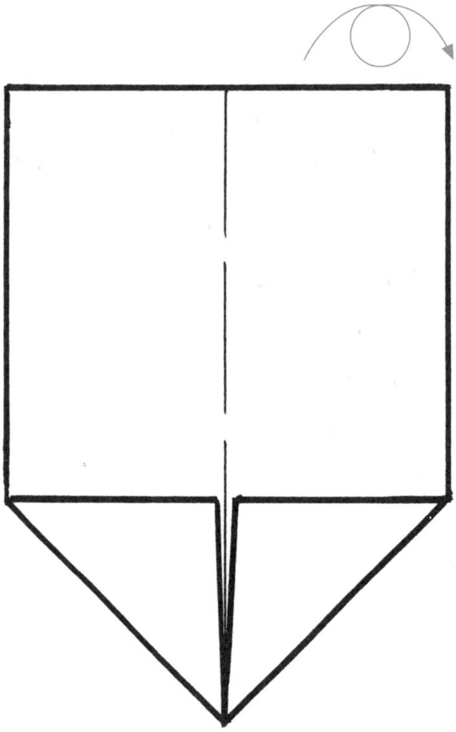

②

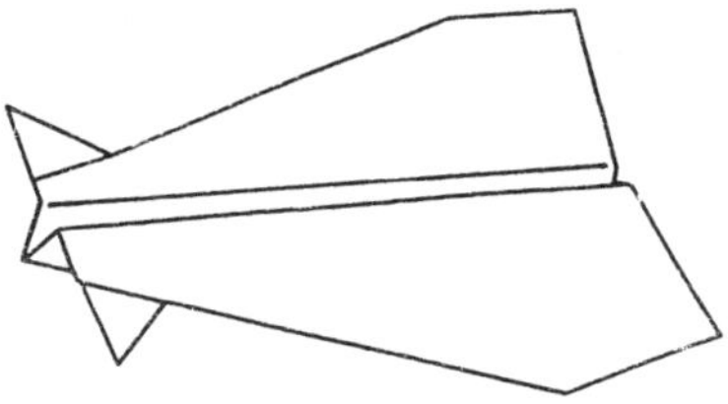

⑦

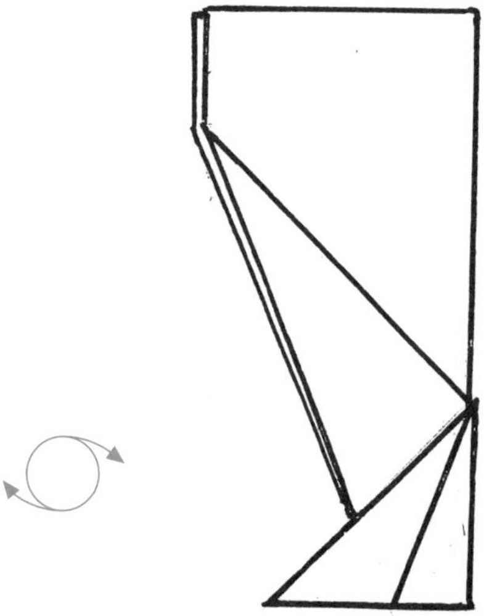

⑧

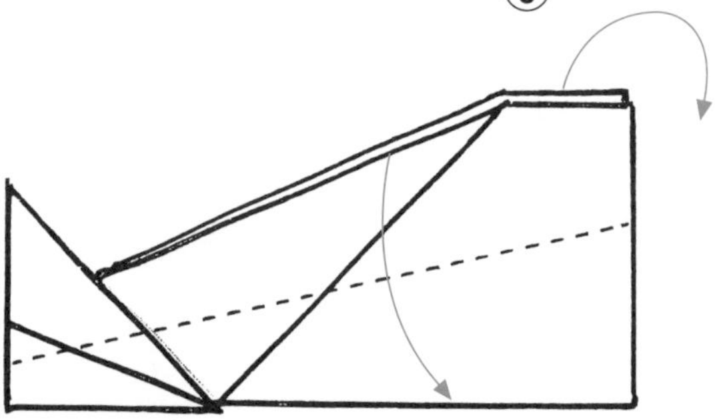

ヒント

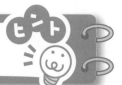

とばす 方《ほう》こうや、とばす 力の 入れぐあいを いろいろ ためして みましょう。

③

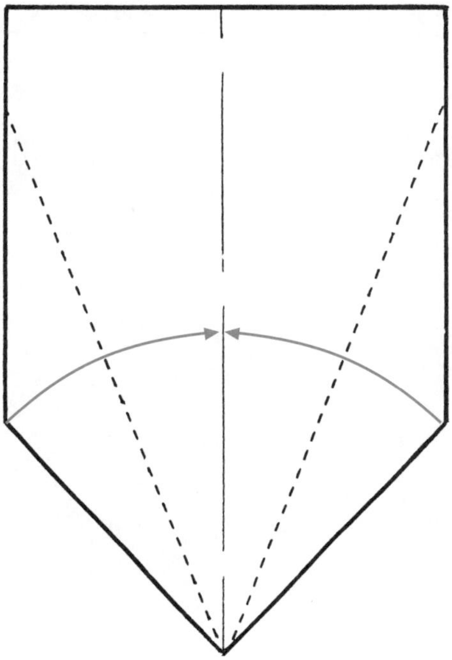

上の 紙だけを おる

④

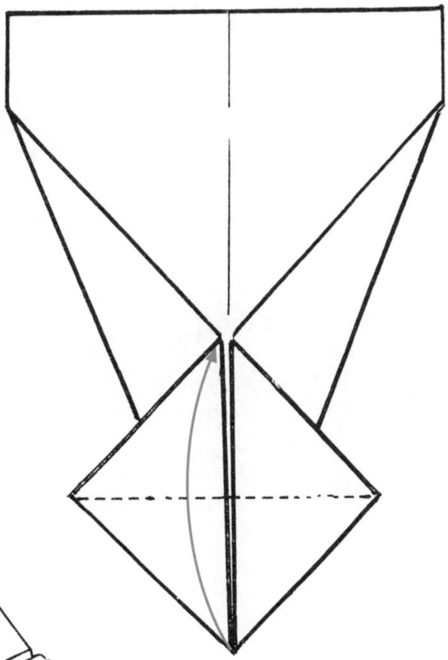

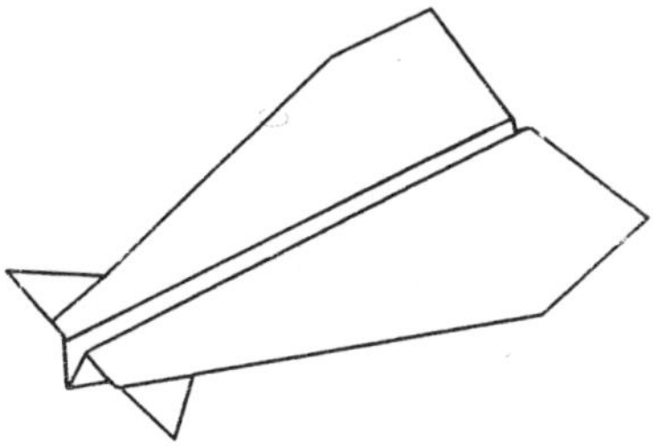

⑤

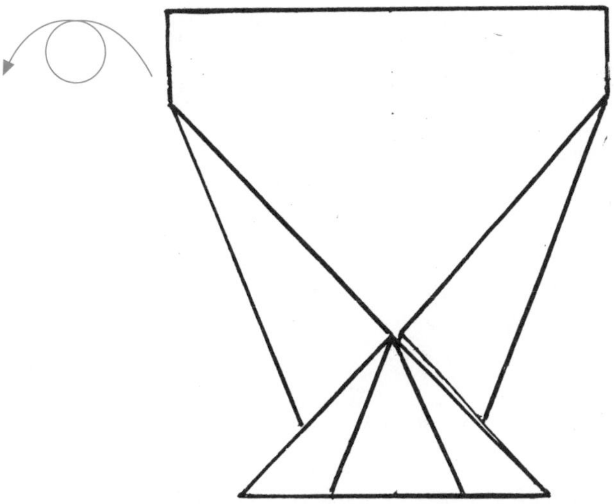

⑥

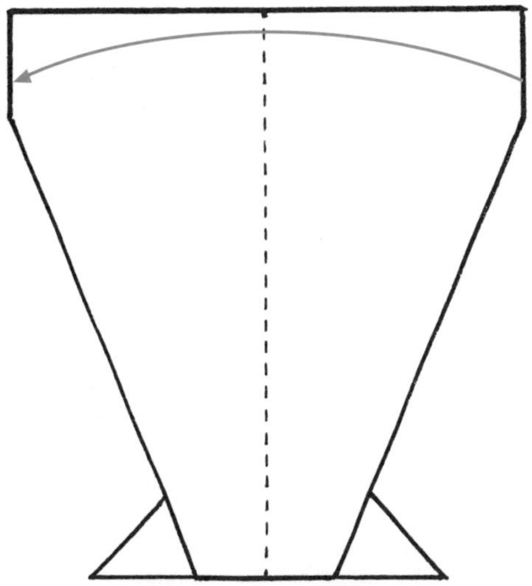

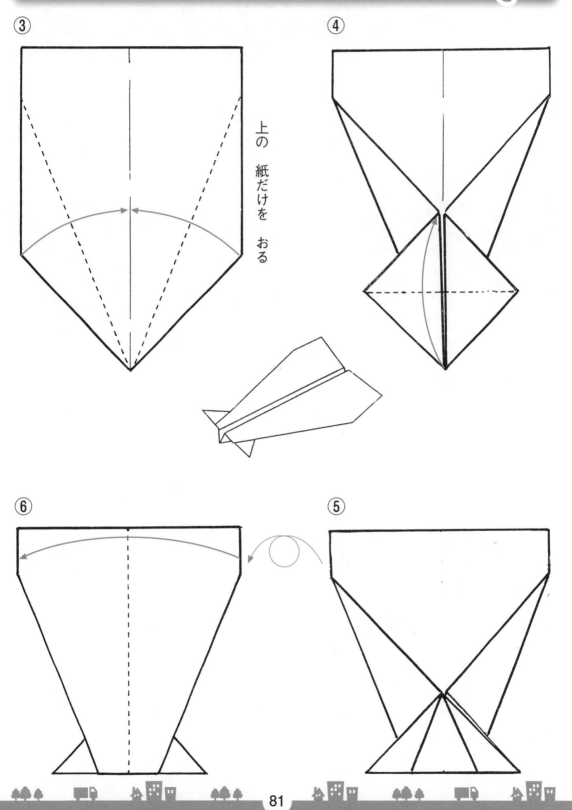

④

③

(画《が》・さいわい徹《とおる》)

国語 22 四こま まんが（三）

ヒント

トラの おしゃべりだけでも 書《か》けます。トラの おしゃべりと おじさんが 思《おも》って いることを 書くことも できます。

月　日

1 まんがの 中の せりふも つかって お話《はなし》を 書《か》きましょう。
（まんがの ねこは「トラ」です。）

①

②

2 ――の　ところを　ていねいな　言いかたにして、下に　うつし書きを　しましょう。（1つ　10点）

クリスマスイブの夜《よる》だった。お母《かあ》さんに、

「おふろそうじをしてきて。」

と言われたのに、しばらく行《い》かなかった。

すると、お母さんが、

「だんだんサンタが遠《とお》くなる。」

と言った。

ぼくは、いそいでそうじをしに行った。

ク　でした。

行

きませんでした。

国語

21 ふつうの 言《い》いかた・ていねいな 言いかた

ヒント

十二月は、クリスマスの 月です。サンタクロースが やって きます。その サンタの ことを 書《か》いた 本には 「さむがりやの サンタ」「クリスマスには おひげが いっぱい」などが あります。

とく点

／100

月　日

1 ――の ところを ふつうの 言《い》いかたにして、下に うつし書《が》きを しましょう。（1つ 12点《てん》）

体《たい》いくの時間《じかん》になわとびをしました。とびながら走《はし》ったらこけました。はなを強《つよ》くうちました。

青木くんに、「はなぢ、出てない。」と聞《き》きました。青木くんは、「だいじょうぶ。すながついているだけ。」と言いました。

体

した。と

た。わたしとゆみさんは、うそと言いました。

よく見たら、本当《ほんとう》に入っていました。わたしが、これ、ないしょにしておこうと言ったら、うんと、ゆみさんとえみさんが言ったので、わたしは、もしかして、これ、しょうみきげんぎれかもと言いました。

「 よ う み

20 「。」をつかって（二）

1 話《はな》しことば（会話《かいわ》）を、「　。」で、くくりながら、下に うつし書《が》きをしましょう。
（「　。」1つ 20点《てん》）

先生のヒミツ

野村《のむら》 洋子《ようこ》

きょうの休み時間《じかん》、ゆみさんとえみさんとわたしで、先生のつくえの中を見ました。そしたら、えみさんが、中にチーズが入ってると言《い》いまし

先　洋子

き

「中　」。

と

ヒント

「しょうみきげん」は、食《た》べものや のみものに 書《か》いてあって おいしく 食べられる きげんの ことです。

とく点　／100

月　日

いる。」
と言いました。
ぼくは、
「ほんとか。」
と言って、見ました。
そしたら、目の前《まえ》をくまば
ちがとんでいたので、ぼくは、
「わお。」
と言いました。
それで、ぼくは、まどをあ
けて、くまばちを外《そと》へにがし
てやりました。

は、

19 「。」を つかって（一）

ヒント

クマバチは、おとなしい はちです。
クマンバチと いうのは スズメバチの ことです。

とく点

／100

月　日

1 話《はな》しことば（会話《かいわ》）を、「　。」で、くくりながら、下に うつし書《が》きを しましょう。

（「　。」1つ 25点《てん》）

くまばち

池田《いけだ》 大《だい》

きのう、あそびから帰《かえ》ってきたら、弟《おとうと》が家《いえ》の中でさわいでいました。

「何《なに》しているの。」

と、ぼくが言《い》ったら、弟が、

「電《でん》とうの上に、くまばちが

くまばち

池田 大

きのう、

「何しているの。」

③ トラの 思って いる ことを 書きましょう。

えへへへー。
とまったな。
そのままじっとしてろよ。

④ トラの した ことの けっかを 書きましょう。

（画《が》・さいわい 徹《とおる》）

国語

18 四こま まんが（二）

1 絵《え》の 下に、したこと・思《おも》ったこと などを 書《か》きましょう。
（まんがの ねこは「トラ」です。）

① トラの して いる ことを 書きましょう。

② トラの 気もちを 書きましょう。

ヒント

①と ④は、ことばで しゃせい しましょう。
②と ③は、頭《あたま》の 中の おしゃべりです。

月 日

③

	1 ↓	
2 →	雲	
手		口
3 ↓	近	4 →

④

	1 ↓	
2 →	会	
合		画
3 ↓	算	4 →

⑤

	1 ↓	
2 →	山	
原		鳥
3 ↓	草	4 →

〔野 電 計 間〕

③
1 （　　）
2 （　　）
3 （　　）
4 （　　）

④
1 （　　）
2 （　　）
3 （　　）
4 （　　）

⑤
1 （　　）
2 （　　）
3 （　　）
4 （　　）

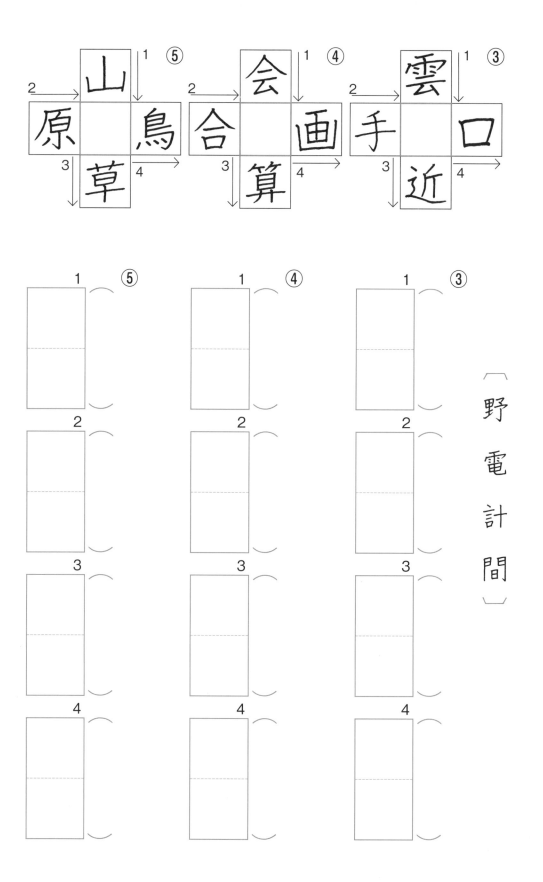

国語

17 かん字の 十字ろ（三）

1 □に 入れる かん字は〔 〕から えらびます。（一字のこります）矢《や》じるしの 方《ほう》へ 読《よ》んで できる かん字を □に 読みがなを （ ）に 書《か》きましょう。

（□1つ 5点《てん》）

〔地 体 夜〕

①
上：今（1↓）
左：昼（2→）
右：食
下：間（3↓、4→）

②
上：台（1↓）
左：番（2→）
右：図
下：形（3↓、4→）

①
1 今（ ）
2 □（ ）
3 間（ ）
4 □（ ）

②
1 □（ ）
2 □（ ）
3 □（ ）
4 □（ ）

ヒント
間口 間口の 広《ひろ》い 店《みせ》が ある。
会計 会計を すませて 店を 出る。

とく点 ／100

月 日

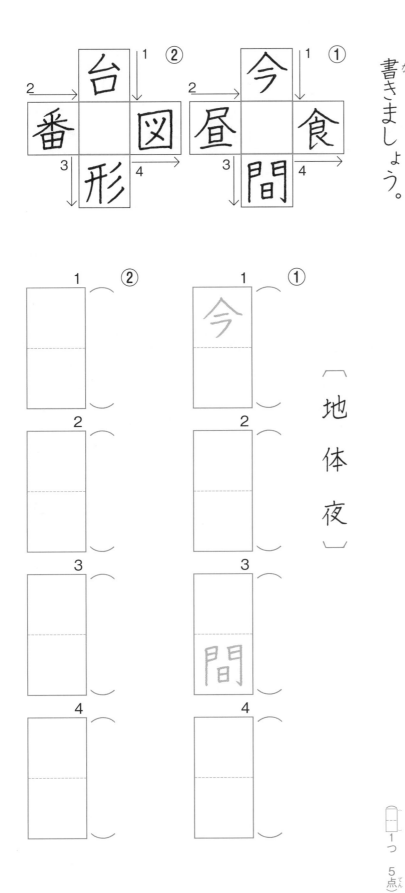

③

1 日

2 当 □ 角 4

3 線

④

1 交

2 門 □ 組 4

3 犬

⑤

1 社

2 食 □ 心 4

3 紙

③
1 （　）
2 （　）
3 （　）
4 （　）

④
1 （　）
2 （　）
3 （　）
4 （　）

⑤
1 （　）
2 （　）
3 （　）
4 （　）

〔番直理用〕

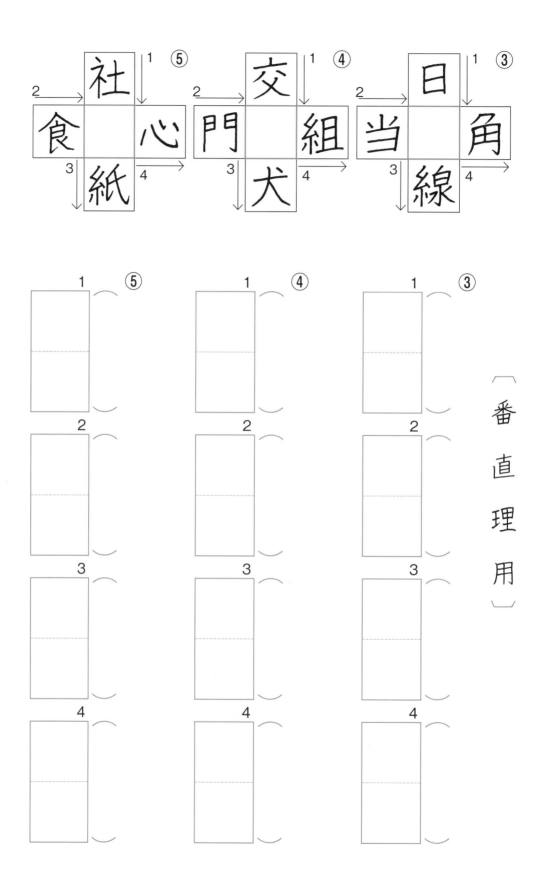

国語

16 かん字の 十字ろ（二）

ヒント

人工　人工の　みずうみで、ボートに　のる。

当直　当直の　いしゃは　だれですか。

とく点　／100

月　日

1 □に　入れる　かん字は　〔　〕から　えらびます。（一字のこります）矢《や》じるしの　方《ほう》へ　読《よ》んで　できる　かん字を　□に　読みがなを　（　）に　書《か》きましょう。（1つ5点《てん》）

〔行　書　工〕

①
- 1 人 ↓
- 2 図 →
- 3 ↓ 作
- 4 → 場

（中央 □）

②
- 1 図 ↓
- 2 読 →
- 3 ↓ 店
- 4 → 名

（中央 □）

①
1 人（　）
2 □（　）
3 □作（　）
4 □（　）

②
1 □（　）
2 □（　）
3 □（　）
4 □（　）

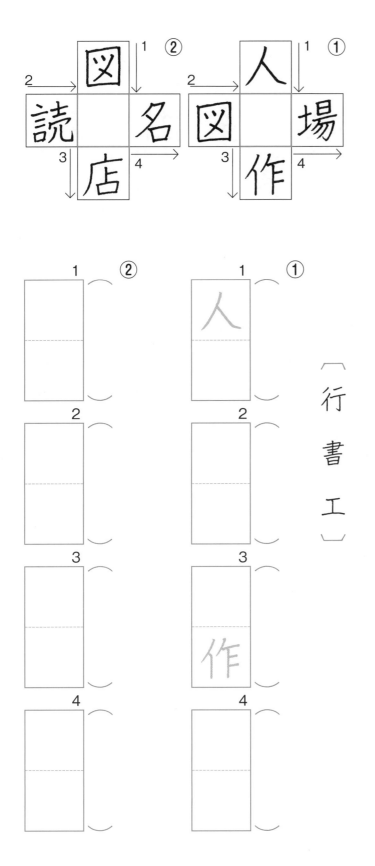

③

	1↓	
	会	
2→ 出	□	外 →4
	内 3↓	

④

	1↓	
	汽	
2→ 風	□	室 →4
	長 3↓	

⑤

	1↓	
	交	
2→ 直	□	学 →4
	行 3↓	

〔船 家 通 場〕

③
1 （ ）
2 （ ）
3 （ ）
4 （ ）

④
1 （ ）
2 （ ）
3 （ ）
4 （ ）

⑤
1 （ ）
2 （ ）
3 （ ）
4 （ ）

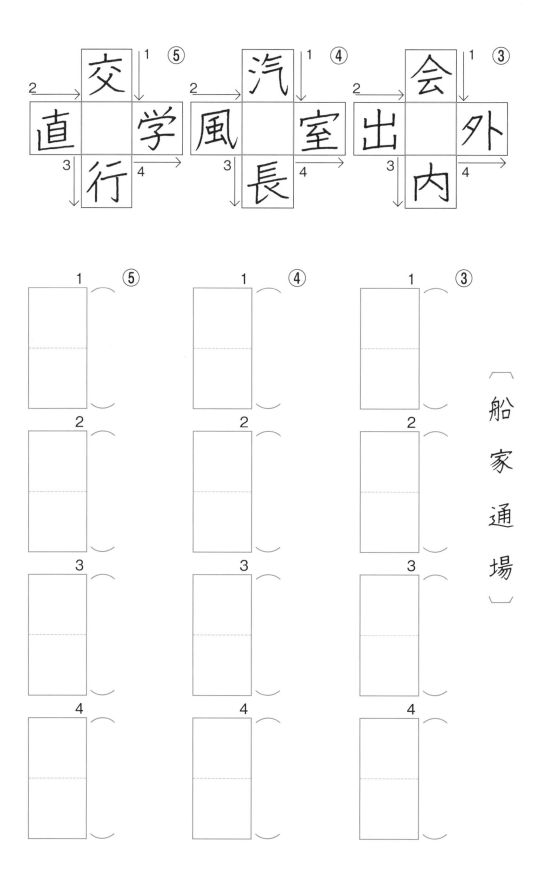

15 かん字の 十字ろ（一）

とく点　／100

月　日

ヒント

会食　友《とも》だちの 家《いえ》で 会食を します。

直通　交通公園《こうつうこうえん》直通バスに のる。

1 □に 入れる かん字は〔 〕から えらびます。（一字のこります）矢《や》じるしの 方《ほう》へ 読《よ》んで できる かん字を □に 読みがなを （ ）に 書《か》きましょう。

（□1つ 5点《てん》）

〔会 戸 外〕

①

	海	
国		車
	野	

1 海（ ）
2 （ ）
3 野（ ）
4 （ ）

②

	大	
社		食
	話	

1 （ ）
2 （ ）
3 （ ）
4 （ ）

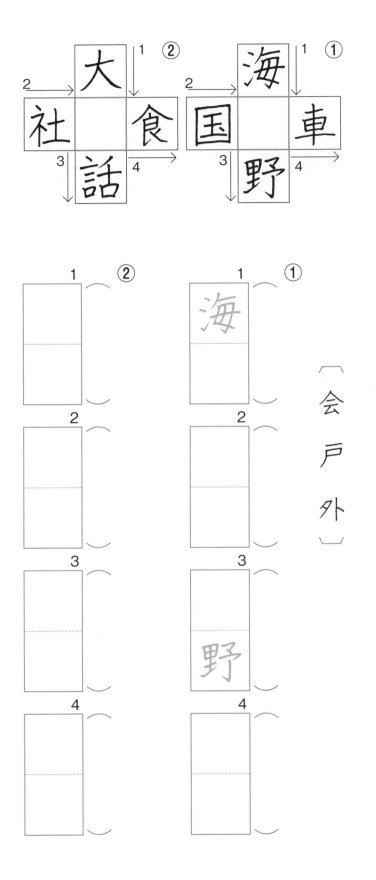

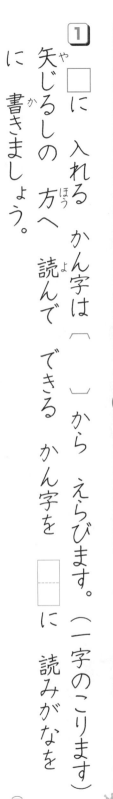

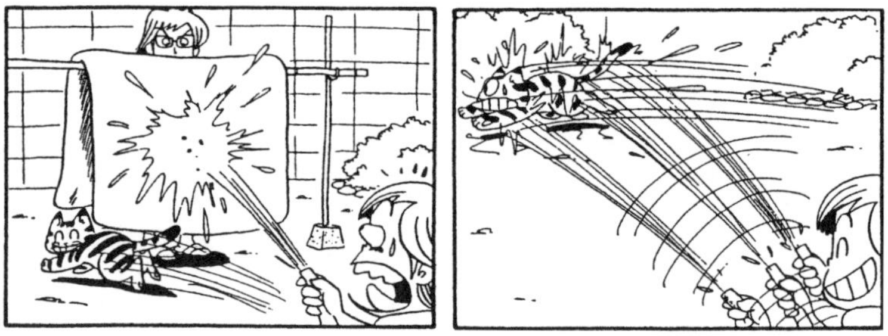

フー太

トラ

フー太

トラ

（画《が》・さいわい徹《とおる》）

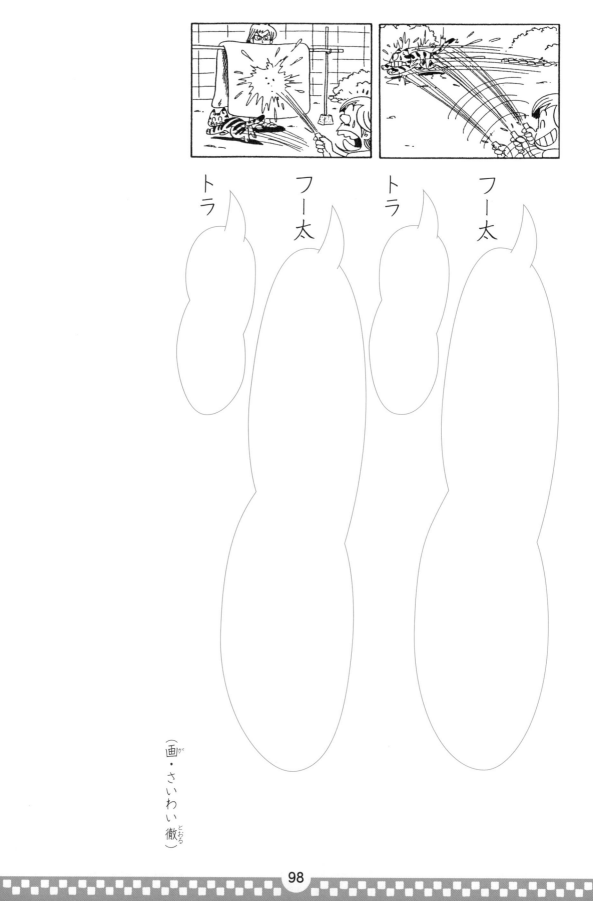

国語

14 四こま まんが（一）

ヒント

声《こえ》に 出して しゃべる ことばも、頭《あたま》の 中で しゃべる ことばも あります。どちらも 頭で 考《かん》えています。

月　日

1 ふきだしの 中に、ことばを 書《か》き入れましょう。

（まんがの 男の子は「フー太《た》」、ねこは「トラ」です。）

フー太

あれっ
トラがねぼけてる。

トラ

ムニャー

フー太

トラ

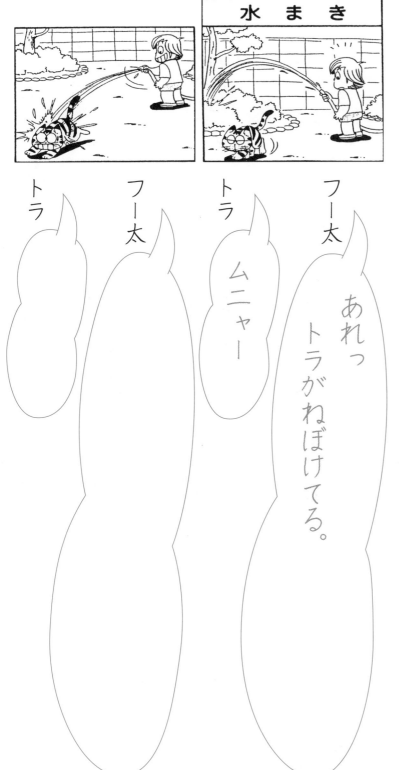

2 ①～⑤の ことばの いみを ㋐～㋔から えらび、□に 書《か》きましょう。（1つ 10点）

① 強《きょう》大《だい》 □

② 家《いえ》元《もと》 □

③ 台《だい》地《ち》 □

④ 方《ほう》言《げん》 □

⑤ 空《くう》白《はく》 □

㋐ まわりより 少《すこ》し 高《たか》い たいらな 土地《とち》。

㋑ ある 地方《ちほう》でだけ つかわれて いる ことば。

㋒ 強《つよ》く 大きい ようす。

㋓ 何《なに》も ないこと。紙《かみ》に 字や 絵《え》を 書いてない ところ。

㋔ おどり・生《い》け花などの げいごとの 中心《ちゅうしん》となる 家《いえ》すじや、人。

国語

13 かん字の しりとり（四）

ヒント

名門　山田高校《こうこう》は　やきゅうの　名門校です。

言明　だいじんが　国会《こっかい》で　言明しました。

とく点　／100

月　日

1 かん字の　しりとりを　しましょう。（1れつ　10点《てん》）

① 強《きょう》大《だい》 → □《だい》名《みょう》 → □《めい》門《もん》 → □《もん》番《ばん》

② 家《いえ》□《もと》 → 元《げん》気《き》 → □《き》分《ぶん》 → □《ぶん》校《こう》

③ 台《だい》□《ち》 → 地《ち》□《ほう》 → 方《ほう》言《げん》 → □《げん》明《めい》

④ 空《くう》□《はく》 → 白《はく》□《ちゅう》 → 昼《ちゅう》□《や》 → 夜《や》食《しょく》

⑤ 汽《き》船《せん》 → □《せん》長《ちょう》 → □《なが》雨《あめ》 → □《あま》雲《ぐも》

2 ①～⑤の ことばの いみを ㋐～㋔から えらび、□に 書《か》きましょう。（1つ 10点）

① 同《どう》音《おん》 □

② 見《けん》当《とう》 □

③ 外《がい》来《らい》 □

④ 夜《や》半《はん》 □

⑤ 出《しゅつ》馬《ば》 □

㋐ その 場めんに のり出すこと。せんきょに りっこうほ すること。

㋑ しんさつを うけに 通《かよ》うこと。外国《がいこく》から 来《く》ること。

㋒ ま夜中《よなか》。

㋓ ねらい。みこみ。だいたいの 方《ほう》こう。

㋔ 同《おな》じ 音声《おんせい》。かん字の 同じ 音《おん》。

国語

12 かん字の しりとり（三）

ヒント

形見　この 時計《とけい》は、おじいさんの 形見です。

当時　入学当時の ことを 思《おも》い出す。

とく点

／100

月　日

1 かん字の しりとりを しましょう。（1れつ 10点《てん》）

①
場□《ばあい》
↓
合□《ごうどう》
↓
同□《どうおん》
↓
音楽《おんがく》

②
形□《かたみ》
↓
見□《けんとう》
↓
当□《とうじ》
↓
時間《じかん》

③
大□《たいこく》
↓
国□《こくがい》
↓
外□《がいらい》
↓
来店《らいてん》

④
今□《こんや》
↓
夜□《やはん》
↓
半□《はんげつ》
↓
月光《げっこう》

⑤
風□《ふうせん》
↓
船□《ふなで》
↓
出□《しゅつば》
↓
馬車《ばしゃ》

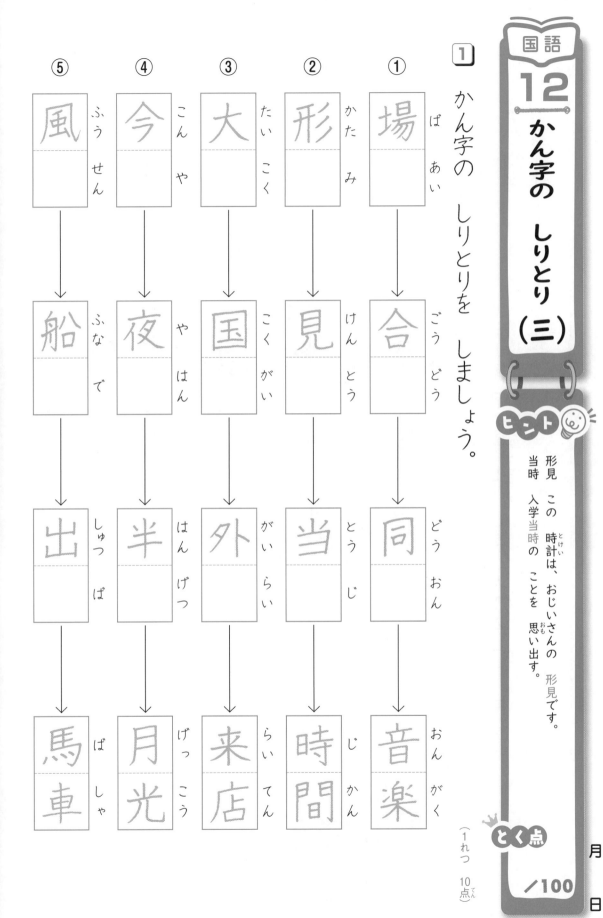

2 ①〜⑤の ことばの いみを ㋐〜㋔から えらび、□に 書《か》きましょう。（1つ 10点）

① 手《しゅ》話《わ》 □

② 出《しゅっ》頭《とう》 □

③ 直《ちょく》通《つう》 □

④ 心《しん》中《ちゅう》 □

⑤ 母《ぼ》国《こく》 □

㋐ やくしょなどに よびだされて 行《い》くこと。

㋑ 自分《じぶん》の 生まれそだった 国《くに》。

㋒ 心《こころ》の 中。（「しんじゅう」と 読《よ》むと べつの いみに なる。）

㋓ 目で 見て わかるように、手を うごかして する 会話《かいわ》。

㋔ 電車《でんしゃ》や 電話《でんわ》が、のりかえや 中つぎなしに、じかに 通《つう》じること。

国語

11 かん字の しりとり (二)

1 かん字の しりとりを しましょう。

（1れつ 10点《てん》）

① 母《はは》□《おや》 → 親《しん》切《せつ》 → □《きっ》手《て》 → □《しゅ》話《わ》

② 肉《にく》□《たい》 → 体《たい》外《がい》 → □《がい》出《しゅつ》 → □《しゅっ》頭《とう》

③ 正《しょう》直《じき》 → □《ちょく》通《つう》 → □《つう》行《こう》 → □《ぎょう》水《ずい》

④ 心《しん》中《ちゅう》 → □《ちゅう》学《がく》 → □《がく》生《せい》 → □《せい》活《かつ》

⑤ 母《ぼ》国《こく》 → □《こっ》家《か》 → □《か》計《けい》 → □《けい》算《さん》

ヒント

行水　ゆや　水を　たらいに　入れて　行水を　する。

家計　しゅう入が　少《すく》なく　家計が　楽《らく》でない。

とく点　／100

月　日

2 ①〜⑤の ことばの いみを ㋐〜㋔から えらび、□に 書《か》きましょう。（1つ 10点）

① 道草《みちくさ》 □

② 青春《せいしゅん》 □

③ 原野《げんや》 □

④ 雪女《ゆきおんな》 □

⑤ 本音《ほんね》 □

㋐	㋑	㋒	㋓	㋔
まだ、たがやしていない 野原《のはら》。	雪《ゆき》の 夜《よる》に、白い きものを きて あらわれるという 雪《ゆき》の せい。	わかくて 元気《げんき》の いい 時《とき》。人生の 春《はる》に たとえられる。	道《みち》ばたに はえている 草《くさ》。まっすぐに 帰《かえ》らず より道《みち》を すること。	本当の 心《こころ》。本心から 出た ことば。

国語

10 かん字の しりとり (一)

ヒント

風雨　台風《たいふう》が 近《ちか》づいて、風雨が 強《つよ》くなる。

高台　高台に 赤い やねの 家《いえ》が ある。

とく点　／100

月　日

1 かん字の しりとりを しましょう。（1れつ 10点《てん》）

① 読《どく》書《しょ》 → □《しょ》道《どう》 → □《みち》草《くさ》 → □《くさ》花《ばな》

② 青《せい》春《しゅん》 → □《はる》風《かぜ》 → □《ふう》雨《う》 → □《あま》戸《ど》

③ 原《げん》野《や》 → □《や》鳥《ちょう》 → □《とり》肉《にく》 → □《にく》食《しょく》

④ 高《たか》台《だい》 → □《たい》風《ふう》 → □《ふう》雪《せつ》 → □《ゆき》女《おんな》

⑤ 絵《え》本《ほん》 → □《ほん》音《ね》 → □《ね》色《いろ》 → □《いろ》紙《がみ》

⑬ 計画（　　）

⑭ 火星（　　）

⑮ けいさん

⑯ すいせい

⑰ 作家（　　）

⑱ 岩場（　　）

⑲ がか

⑳ いわやま

㉑ 丸太（　　）

㉒ 野外（　　）

㉓ はなまる

㉔ かいがい

㉕ 行楽（　　）

国語

9 かん字（三）

ヒント

岩場　山の　岩場を　よじのぼる。

行楽　秋《あき》の　野山《のやま》は、行楽の　人で　にぎわう。

とく点

／100

月　日

1 かん字の　読《よ》みがなを（　）に、かん字を □ に　書きましょう。（1つ　4点《てん》）

① 歌声（　）

② 母親（　）

③ おおごえ □

④ ちちおや □

⑤ 汽船（　）

⑥ 高原（　）

⑦ ふうせん □

⑧ そうげん　くさはら □

⑨ 図書（　）

⑩ 社会（　）

⑪ どくしょ □

⑫ しゃちょう □

⑬ 馬車（　　）

⑭ 毛糸（　　）

⑮ ばりき

⑯ けむし

⑰ 春分（　　）

⑱ 国道（　　）

⑲ しゅうぶん

⑳ しょどう

㉑ 秋風（　　）

㉒ 白線（　　）

㉓ きたかぜ

㉔ ちょくせん

㉕ 親切（　　）

国語

8 かん字（二）

ヒント

馬車　むかしは、多《おお》くの　にもつを　馬車で　はこんだ。

春分・秋分　春分も　秋分も　昼《ひる》と　夜《よる》の　長《なが》さが　同《おな》じです。

とく点　　／100

月　　日

1 かん字の　読《よ》みがなを（　）に、かん字を □ に　書きましょう。（1つ　4点《てん》）

① 船長（　　）

② 通行（　　）

③ こうちょう □

④ つうがく □

⑤ 点線（　　）

⑥ 茶色（　　）

⑦ てんすう □

⑧ しんちゃ □

⑨ 電池（　　）

⑩ 当時（　　）

⑪ でんしゃ □

⑫ とうばん □

⑬ 魚肉（　　）

⑭ 冬鳥（　　）

⑮ ぎゅうにく

⑯ ふゆぞら

⑰ 多少（　　）

⑱ 台地（　　）

⑲ たすう

⑳ ちか

㉑ 昼夜（　　）

㉒ 直後（　　）

㉓ ちゅうしょく

㉔ ちょくぜん

㉕ 売店（　　）

国語

7 かん字（一）

1 かん字の 読《よ》みがなを（　）に、かん字を □ に 書《か》きましょう。（1つ 4点《てん》）

① 金曜（　　）

② 手話（　　）

③ かよう □

④ でんわ □

⑤ 夜風（　　）

⑥ 東北（　　）

⑦ よなか □

⑧ せいほく □

⑨ 新米（　　）

⑩ 強風（　　）

⑪ はくまい □

⑫ たいふう □

ヒント

新米　今年《ことし》の 新米は おいしい。

売店　えきの 売店で べんとうを 買《か》う。

とく点　／100

月　日

⑨ 弓□（　）→ 矢車（　）

⑩ 海□（　）→ 上空（　）

⑪ 強□（　）→ 風船（　）

⑫ 教□（　）→ 会計（　）

⑬ 花□（　）→ 形見（　）

⑭ 地□（　）→ 元気（　）

⑮ 大□（　）→ 小《こ》言（　）

⑯ 日□（　）→ 光線（　）

⑰ 一□（　）→ 行水（　）

⑱ 黄□《ごん》（　）→ 金《きん》色（　）

⑲ 空□（　）→ 中止（　）

⑳ 朝□（　）→ 市《いち》場（　）

国語

6 かん字 つなぎ（四）

ヒント
引火　ガソリンは 引火しやすい。
出馬　市長《しちょう》せんに 出馬します。

とく点　／100

月　日

1 つながる かん字を 書《か》きましょう。読《よ》みがなも 書きましょう。

（1つ 5点《てん》）

① 引火（　）→ □花（　）

② 火力《りょく》（　）→ □《りき》走（　）

③ 羽音《おと》（　）→ □楽（　）

④ 遠出《で》（　）→ □《しゅつ》馬（　）

⑤ 夏鳥（　）→ □肉（　）

⑥ 岩石（　）→ □頭《あたま》（　）

⑦ 何人（　）→ □魚（　）

⑧ 帰国（　）→ □語（　）

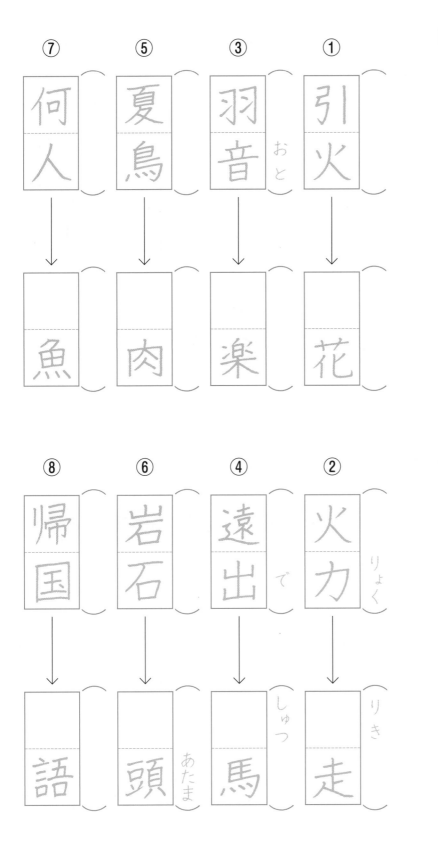

⑨ 金□《せい》 → 星《ほし》空

⑪ 親□《せつ》 → 切《きっ》手

⑬ 汽□ → 船室

⑮ 土□ → 地方

⑰ 売《ばい》□ → 店長

⑲ 音□ → 読書

⑩ 船《せん》□ → 長《なが》雨

⑫ 食□ → 前夜《や》

⑭ 肉□《ぎゅう》 → 牛馬

⑯ 麦□ → 茶室

⑱ 国□《どう》 → 道《みち》草

⑳ 後《こう》□ → 半分

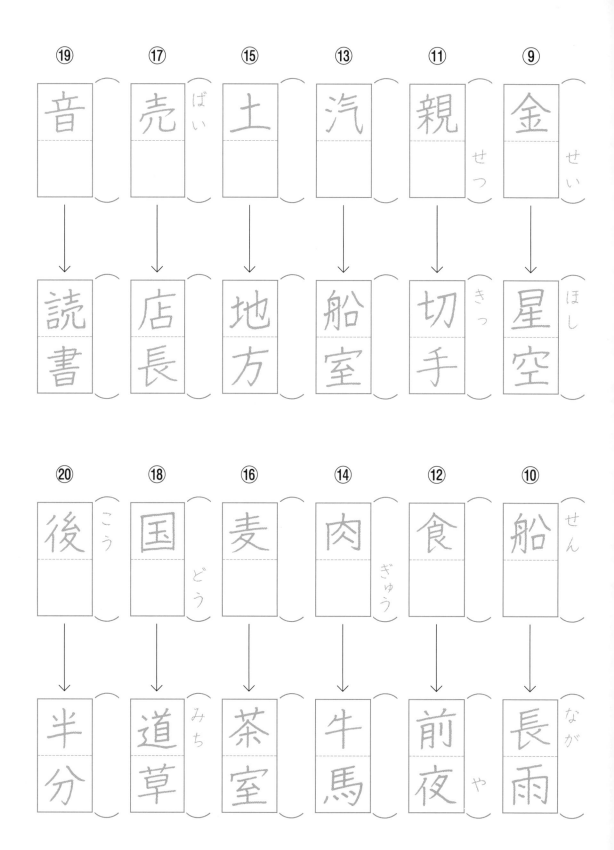

国語

5 かん字 つなぎ（三）

ヒント

林道　林道を　通《とお》って　山ごやへ　行《い》く。
音読　本を　声《こえ》を　だして　音読する。

とく点　／100

月　日

1 つながる かん字を 書《か》きましょう。読《よ》みがなも 書きましょう。（1つ 5点《てん》）

① 社会（　　）→ □長（　　）

② 家来（け　）→ □週（　　）

③ 来春（　　）→ □風（はる　）

④ 顔色（かお　）→ □白（　じろ）

⑤ 朝食（ちょう　）→ □後（　　）

⑥ 地図（　　）→ □画（　　）

⑦ 先頭（　とう）→ □数（　すう）

⑧ 森林（しん　）→ □道（　　）

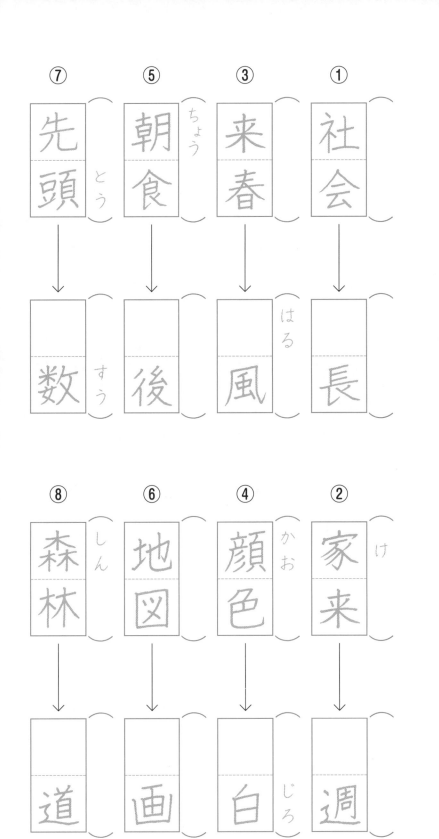

⑨ 名《めい》 ↓ 作《さっ》家

⑪ 同《どう》 ↓ 時間

⑬ 朝《あさ》 ↓ 夕方

⑮ 雪《ゆき》 ↓ 国道《どう》

⑰ 細《さい》 ↓ 工作

⑲ 昼《ちゅう》 ↓ 食後

⑩ 計 ↓ 算数

⑫ 新《しん》 ↓ 茶色

⑭ 自 ↓ 作文

⑯ 点《てん》 ↓ 数回

⑱ 高 ↓ 校門

⑳ 大《おお》 ↓ 雨《あま》戸

国語

4 かん字 つなぎ（二）

ヒント

自作　これは、自作の　紙《かみ》しばいです。

細工　竹《たけ》を　細工して　竹とんぼを　作《つく》ろう。

とく点

／100

月　日

1 つながる　かん字を　書《か》きましょう。読《よ》みがなも　書きましょう。（1つ　5点《てん》）

① 合□（ごう）→ 計画（　）

② 古□（ふる）→ 本気（　）

③ 正□（しょう）→ 午後（　）

④ 大□（たい）→ 国語（　）

⑤ 交□（こう）→ 番犬（けん）

⑥ 正□（じき）→ 直線（ちょく）

⑦ 交□（　）→ 通学（　）

⑧ 白□（しろ）→ 黒字（　）

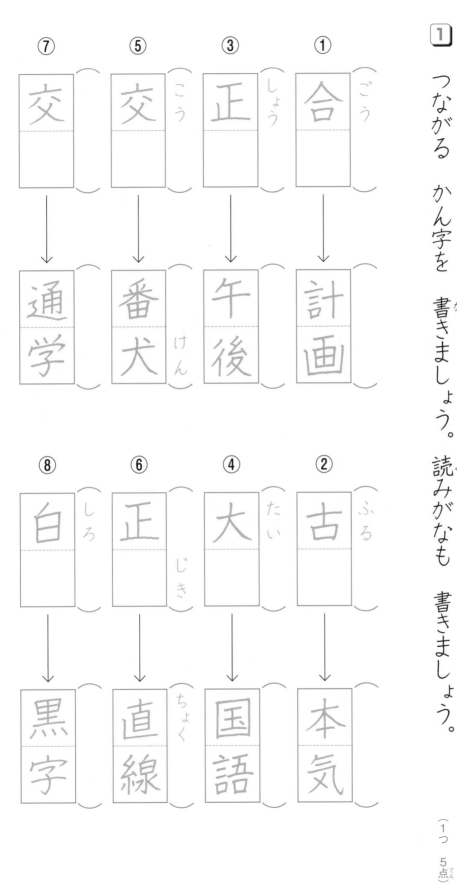

⑨ 社会 → □場《じょう》

⑪ 絵本 → □当《とう》

⑬ 昼《ひる》間 → □近《ぢか》

⑮ 牛《ぎゅう》肉 → □食《しょく》

⑰ 地図 → □《と》書

⑲ 地方 → □角《がく》

⑩ 近海 → □外

⑫ 野《や》外 → □国

⑭ 日記 → □入

⑯ 手《て》近 → □道

⑱ 内野《や》 → 野《の》原

⑳ 高《こう》音 → □楽

国語

3 かん字 つなぎ（一）

ヒント

記入　テスト用紙《ようし》に　名前《なまえ》を　記入する。

方角　東西南北《とうざいなんぼく》は　方角です。

とく点

／100

月　日

1 つながる　かん字を　書《か》きましょう。　読《よ》みがなも　書きましょう。

（1つ　5点《てん》）

① 雨雲（あま）→ □間（ま）

② 楽園（らく）→ □長（　）

③ 理科（　）→ □学（　）

④ 画家（　）→ □中（いえじゅう）

⑤ 校歌（　）→ □手（しゅ）

⑥ 生活（　）→ □字（　）

⑦ 人名（　）→ □画（　）

⑧ 毎回（　）→ □数（　）

⑨ 雪《ゆき》が（　　）つもってきた。

⑩ つい（　　）してしまう。

⑪ 雨《あめ》が（　　）ふらない。

⑫ 春風《はるかぜ》が（　　）と　ふく。

⑬ 丸《まる》太《た》を（　　）と　もち上げる。

⑭ 紙《かみ》が（　　）と　もえ上がる。

うとうと　めらめら　ぜんぜん
どんどん　らくらく　そよそよ

---

⑮ 空《そら》が（　　）明《あか》るくなる。

⑯ 入道雲《にゅうどうぐも》が（　　）もり上がる。

⑰ （　　）の　やきいもだ。

⑱ ページを（　　）めくる。

⑲ 花びらが（　　）まいおちる。

⑳ 雪《ゆき》が（　　）してきた。

ちらちら　もくもく　ぱらぱら
だんだん　ひらひら　ほかほか

国語

2 ようすを　あらわす

ヒント

もののようすやみぶりは、「ぴかぴか、つるつる、のそのそ、にこにこ」とひらがなであらわします。

とく点

／100

月　日

1 （　）に　あう　ことばを　□　から　えらんで　書《か》きましょう。（1つ　5点《てん》）

① 小川が（　　）ながれる。

② めだかが（　　）およぐ。

③ 春《はる》さめが（　　）ふる。

④ 麦茶《むぎちゃ》を（　　）のむ。

すいすい　さらさら
ぐいぐい　しとしと

⑤ きず口が（　　）する。

⑥ 大きい（　　）した　手だ。

⑦ さむさで（　　）ふるえる。

⑧ ボートが（　　）ゆれる。

ゆらゆら　ひりひり
ぶるぶる　ざらざら

⑨ いすが（　　）と　たおれた。

⑩ 水に（　　）と　おちた。

⑪ やぎが（　　）と　鳴く。

⑫ （　　）と　うがいをする。

⑬ （　　）と　かねが　鳴る。

⑭ さらが（　　）と　われた。

ガラガラ　メーメー　ガチャン
ガタン　ゴーン　ポチャン

---

⑮ （　　）と　はえが　とぶ。

⑯ かみなりが（　　）と　鳴る。

⑰ 妹《いもうと》が（　　）と　なきだす。

⑱ ベルが（　　）と　鳴る。

⑲ 風《かぜ》が（　　）と　ふく。

⑳ （　　）と　はくしゅする。

パチパチ　リンリン　ゴロゴロ
プーン　ビュー　ウワーン

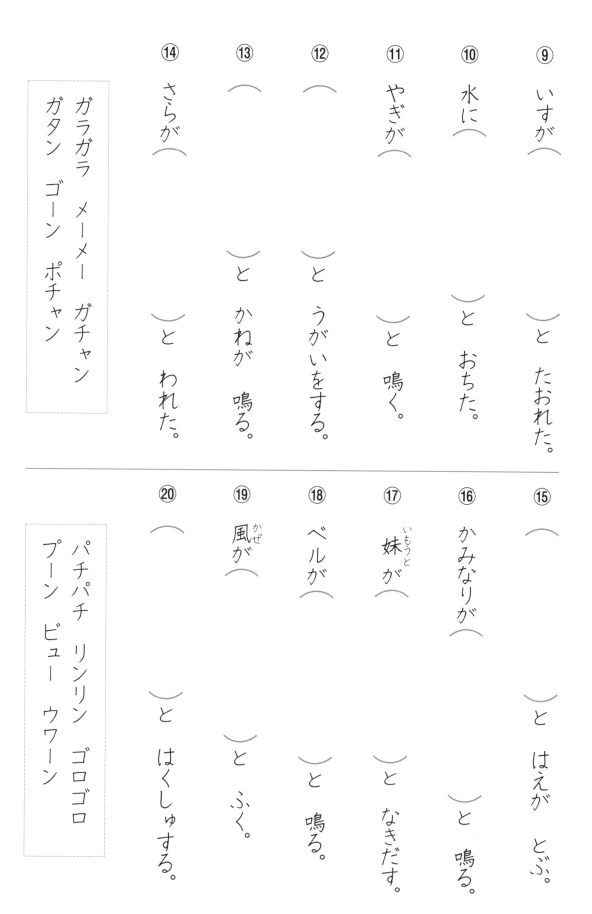

国語

1 音を あらわす

ヒント

もの音や、どうぶつの 声《こえ》は、「バタバタ、ビュービュー、ワンワン、ニャアニャア」と かたかなで あらわします。

とく点

／100

月　日

1 （　　）に あう ことばを [　] から えらんで 書《か》きましょう。（1つ 5点《てん》）

① 戸《と》を（　　　　）と たたく。

② かえるが（　　　　）と 鳴《な》く。

③ ゆびを（　　　　）と 鳴らす。

④ たいこを（　　　　）と たたく。

ケロケロ　トントン
ドーン　ポキポキ

⑤ 雨が（　　　　）ふる。

⑥ あひるが（　　　　）鳴く。

⑦ 木魚《もくぎょ》を（　　　　）たたく。

⑧ 紙《かみ》を（　　　　）やぶる。

ビリビリ　ザーザー
ポクポク　ガーガー

2年 答 え

算 数

1 ひょうと グラフ (P. 4・5)

1 ①

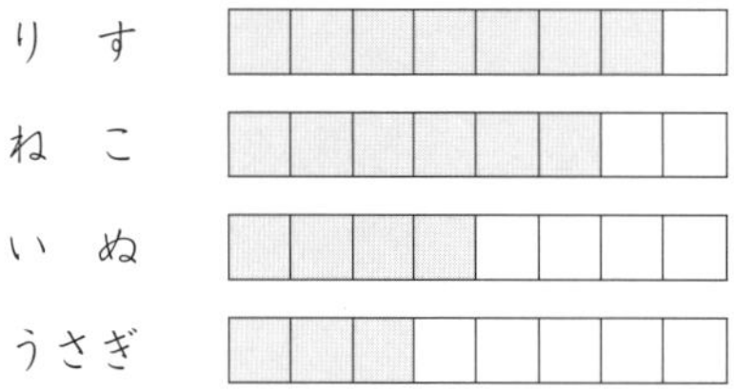

②

	りす	ねこ	いぬ	うさぎ
数(まい)	7	6	4	3

どうぶつの 絵

○			
○	○		
○	○		
○	○	○	
○	○	○	○
○	○	○	○
○	○	○	○
りす	ねこ	いぬ	うさぎ

2 時間と 時こく (P. 6・7)

1 ① 6時 ② 8時 ③ 60分
④ 1分間 ⑤ 5目もり

2 9時10分

3 ① ㋐ 午前8時15分 ㋑ 午後3時45分
② ㋐ 午前8時35分 ㋑ 午後4時5分
③ ㋐ 午前8時5分 ㋑ 午後3時35分
④ ㋐ 45分間 ㋑ 15分間

3 たし算の ひっ算 (P. 8・9)

1 57+63=120 120こ

2 64+38=102 102本

3 26+38=64 64人

4 ① 91 ② 102 ③ 174
④ 154 ⑤ 103 ⑥ 62
⑦ 105 ⑧ 84 ⑨ 125
⑩ 131 ⑪ 81 ⑫ 105

4 ひき算の ひっ算 (P. 10・11)

1 82−35=47 47こ

2 144−85=59 59本

3 100−42=58 58こ

4 ① 86 ② 47 ③ 66
④ 98 ⑤ 65 ⑥ 47
⑦ 75 ⑧ 86 ⑨ 44
⑩ 94 ⑪ 46 ⑫ 55

5 長さ (1) (P. 12・13)

1 7+7+7=21 21cm

2 6+6+6+6=24
24cm, 240mm

3 5+5+5+5+5=25
25cm, 250mm

4 13cm3mm+4cm5mm+4cm5mm
=22cm3mm 22cm3mm, 223mm

5 100+30=130 130mm

6 長さ (2) (P. 14・15)

1 ① 65+77=142
142cm=1m42cm 1m42cm
② 65+92+48=205
205cm=2m5cm 2m5cm
③ 45+84+48=177
177cm=1m77cm 1m77cm
④ 45+75+77=197
197cm=1m97cm 1m97cm
⑤ 45+75+92+48=260
260cm=2m60cm 2m60cm

7 1000までの 数 (P. 16・17)

1 ① 350 ② 354 ③ 304
④ 354 ⑤ 354 ⑥ 692
⑦ 360 ⑧ 903

2 ① 902>899 ② 407<470

③　234<243

3　①　700　②　300　③　1000
④　990

4　①　600　②　800　③　570

8　水の　かさ　(P. 18・19)

1　10dL－2dL＝8dL　8dL

2　2dL＋2dL＋2dL＝6dL　1L＝10dL
10dL－6dL＝4dL　4dL

3　1L5dL＋1L5dL＝3L
5L－3L＝2L　2L

4　500mL＋500mL＋500mL＋500mL＝2000mL
3000mL－2000mL＝1000mL　1000mL

5　①　1800mL　②　4800mL
③　2300mL　④　7L
⑤　1L　⑥　2L4dL

6　500mL＋500mL＋500mL＋500mL＋500mL
＝2500mL　2500mL, 2L5dL

9　たし算と　ひき算　(P. 20・21)

1
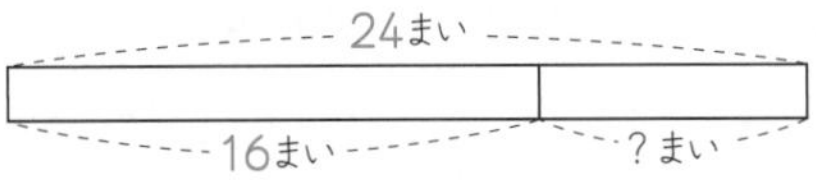

24－16＝8　8まい

2　①　9　②　130　③　48

3
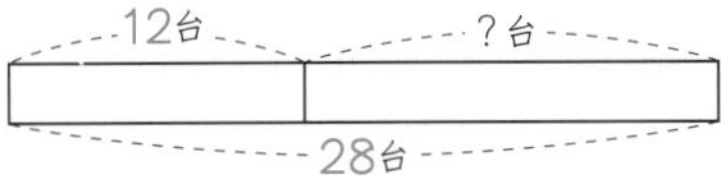

28－12＝16　16台

4
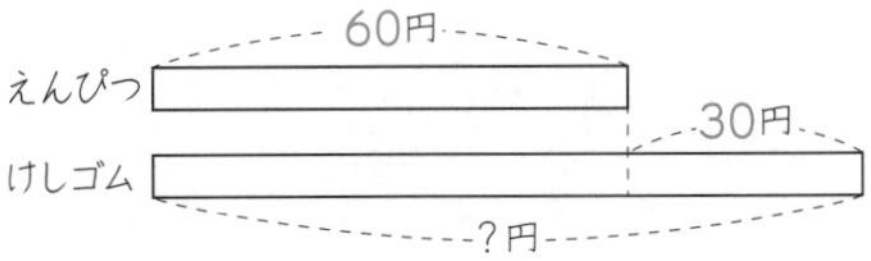

60＋30＝90　90円

10　大きい　数の　計算 (1)　(P. 22・23)

1　①　140　②　180　③　120
④　116　⑤　128　⑥　133
⑦　800　⑧　600　⑨　900
⑩　750　⑪　676　⑫　493
⑬　982

2　①　80　②　80　③　70
④　58　⑤　87　⑥　72
⑦　100　⑧　600　⑨　910
⑩　245　⑪　864　⑫　625

11　大きい　数の　計算 (2)　(P. 24・25)

1　①　143　②　123　③　181
④　103　⑤　103　⑥　101
⑦　530　⑧　607　⑨　814
⑩　492　⑪　560　⑫　495
⑬　284

2　①　74　②　67　③　78
④　56　⑤　68　⑥　29
⑦　550　⑧　786　⑨　737
⑩　248　⑪　637　⑫　642

12　かけ算 (1)　(P. 26・27)

1　5×2＝10　10こ

2　5×7＝35　35本

3　2×6＝12　12こ

4　2×8＝16　16こ

5　2×9＝18　18こ

6　5×9＝45　45こ

7　①　15　②　4　③　40　④　10
⑤　25　⑥　12　⑦　20　⑧　14
⑨　30　⑩　8

13　かけ算 (2)　(P. 28・29)

1　3×6＝18　18こ

2　3×5＝15　15人

3　4×5＝20　20m

4　4×8＝32　32こ

5　3×4＝12　12m

6　①　21　②　28　③　24　④　24
⑤　9　⑥　16　⑦　18　⑧　12
⑨　27　⑩　36

14　かけ算 (3)　(P. 30・31)

1　6×6＝36　36本

2　6×5＝30　30人

3 7×4＝28 <u>28cm</u>

4 7×3＝21 <u>21日</u>

5 6×5＝30 <u>30こ</u>

6 ① 35 ② 42 ③ 63 ④ 48
⑤ 42 ⑥ 54 ⑦ 49 ⑧ 56
⑨ 18 ⑩ 14

15 かけ算 (4) (P. 32・33)

1 8×4＝32 <u>32人</u>

2 9×5＝45 <u>45cm</u>

3 8×7＝56 <u>56こ</u>

4 ① 35 ② 27 ③ 24 ④ 63
⑤ 49 ⑥ 32 ⑦ 42 ⑧ 72
⑨ 54 ⑩ 24 ⑪ 63 ⑫ 45
⑬ 21 ⑭ 81 ⑮ 18 ⑯ 16
⑰ 56 ⑱ 48 ⑲ 30 ⑳ 64
㉑ 28 ㉒ 48 ㉓ 54 ㉔ 72

16 かけ算 (5) (P. 34・35)

1 9×4＝36 <u>36人</u>

2 6×6＝36 <u>36人</u>

3 7×6＝42 <u>42日</u>

4 8×6＝48 <u>48本</u>

5 ① 24 ② 28 ③ 49 ④ 30
⑤ 36 ⑥ 72 ⑦ 48 ⑧ 21
⑨ 56 ⑩ 40 ⑪ 54 ⑫ 63
⑬ 72 ⑭ 64 ⑮ 56 ⑯ 42
⑰ 63 ⑱ 36 ⑲ 27 ⑳ 35
㉑ 32 ㉒ 54 ㉓ 45 ㉔ 48

17 かけ算 (6) (P. 36・37)

1 ① 20 ② 12 ③ 35 ④ 8
⑤ 36 ⑥ 45 ⑦ 9 ⑧ 30
⑨ 16 ⑩ 4 ⑪ 81 ⑫ 15
⑬ 6 ⑭ 7 ⑮ 24 ⑯ 1
⑰ 40 ⑱ 18 ⑲ 35 ⑳ 16
㉑ 6 ㉒ 20 ㉓ 10 ㉔ 32
㉕ 24 ㉖ 14 ㉗ 48 ㉘ 21
㉙ 54 ㉚ 28 ㉛ 27 ㉜ 32
㉝ 63 ㉞ 18 ㉟ 25 ㊱ 24
㊲ 24 ㊳ 12 ㊴ 72 ㊵ 4
㊶ 28 ㊷ 16 ㊸ 54 ㊹ 15
㊺ 21 ㊻ 36 ㊼ 48 ㊽ 49
㊾ 27 ㊿ 56

18 三角形と 四角形 (P. 38・39)

1 直角三角形 ㋓, ㋖, ㋘
長方形 ㋑, ㋕, ㋙, ㋜
正方形 ㋐, ㋔, ㋛

2 (れい)

①
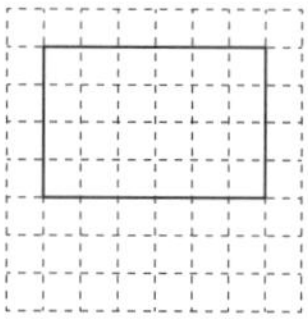

②
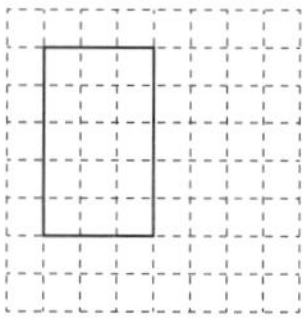

③
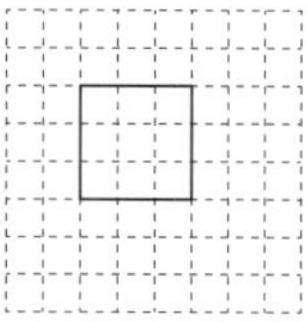

④
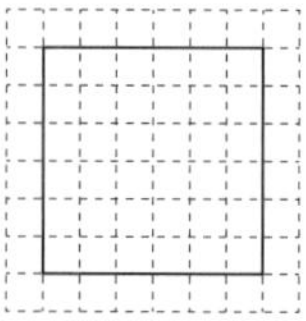

19 10000までの 数 (P. 40・41)

1 ① 7600 ② 6000 ③ 10000
④ 9999 ⑤ 9900

2 ① 4789＜4800 ② 6452＞6425
③ 8808＜8880 ④ 7100＞7099

3 ㋐ 1000 ㋑ 4500 ㋒ 8700

4 ①
3998 － 3999 － 4000 － 4001 － 4002
②
9600 － 9700 － 9800 － 9900 － 10000

5 ① 4056, 3999, 3030, 2764
② 7101, 7030, 6500, 6492

6 ① 5, 4, 3, 2, 1, 0
② 4, 5, 6, 7, 8, 9

20 分 数 (P. 42・43)

1 (れい)
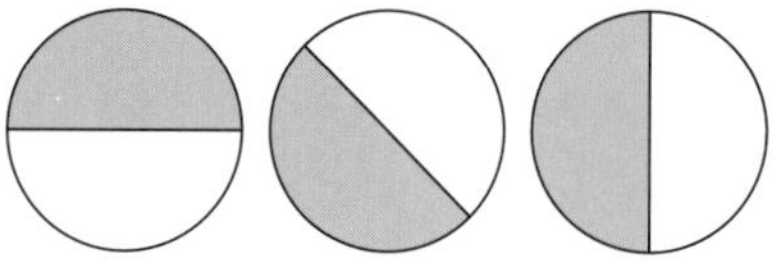

[2] (れい)

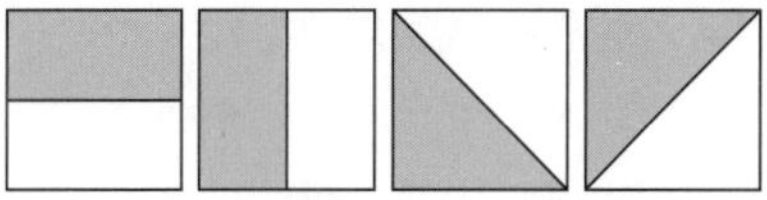

[3] (れい)

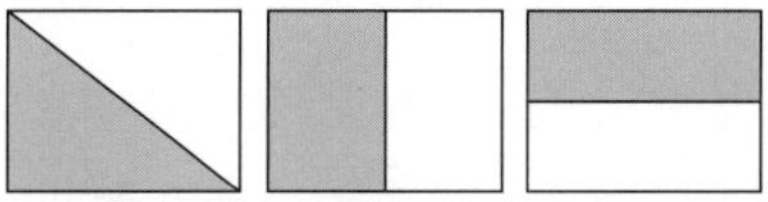

[4] (れい)

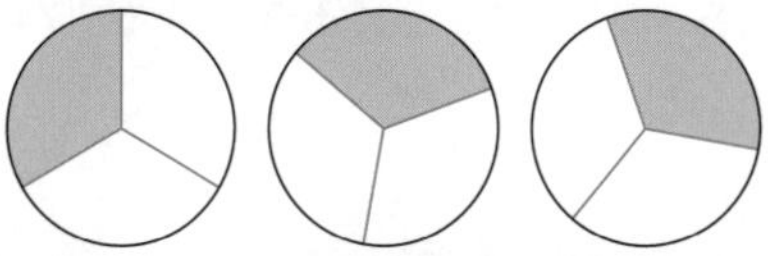

[5] (れい)

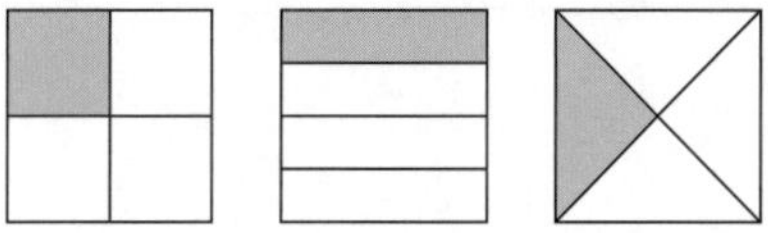

[6] (れい)

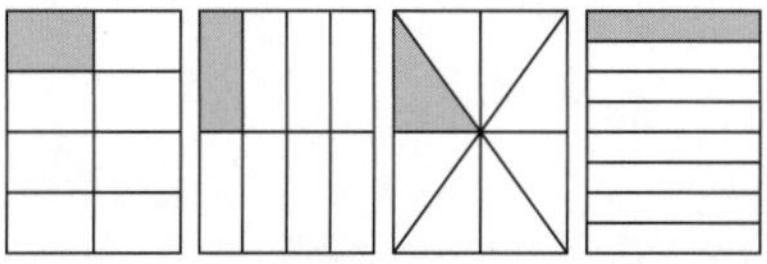

21 はこの　形 (P. 44・45)

[1] ① ㋒　② ㋕　③ 6こ
④ 長方形

[2] ① 6こ　②

③ 正方形

[3] ① 8こ　② 4本ずつ　③ 12本

生　活

1 春の七草 (P. 46・47)

[1] ① ゴギョウ（ハハコグサ）
② ナズナ（ペンペングサ）
③ ハコベラ（ハコベ）
④ ホトケノザ（タビラコ）
⑤ セリ
⑥ スズナ（カブ）
⑦ スズシロ（ダイコン）

2 秋の七草 (P. 48・49)

[1] ① クズ　② ナデシコ
③ キキョウ　④ フジバカマ
⑤ ススキ　⑥ ハギ
⑦ オミナエシ

3 パンを　つくる (P. 50・51)

[1] ① 小麦こ（強力こ）　② イースト
③ さとう　④ しお
⑤ バター

[2] ① ㋒　② ㋑　③ ㋐　④ ㋔
⑤ ㋓

4 しごと (1) 時間 (P. 52・53)

[1] (1) パンをつくる人・じむの人・はいたつの人・社いん食どうの人
(2) 午前9時から　午後5時まで
(3) 夜のはんの人…
午後10時から　午前5時まで
朝のはんの人…
午前7時から　午後3時まで

[2] ○をつけるもの…① ② ③ ④ ⑤ ⑧ ⑨ ⑩

[3] （しょうりゃく）

5 しごと (2) 工場 (P. 54・55)

[1] ① れいぞうこ…○　② 電気《でんき》スタンド…○
③ バケツ………○　④ 電話《でんわ》き…………○
⑤ バナナ………△　⑥ クワガタ………△
⑦ いろえんぴつ…○　⑧ さつまいも……△
⑨ ドライバー…○　⑩ 自《じ》どう車《しゃ》………○
⑪ ほうちょう…○　⑫ りんご…………△

[2] （れい）
金ものや電気せいひん…時計《とけい》・トースターなど
糸やぬのでつくられたもの…シャツ・ズボンなど

6 しごと (3) まちの　しごと (P. 56・57)

[1] ① 肉や …………㋒　② クリーニングや…㋕
③ びようし ……㋓　④ コック ………㋐
⑤ 自どう車せいびし…㋔　⑥ ㋗
⑦ ようせつし …㋖　⑧ ㋑

7 しごと (4) そだてる　しごと (P. 58・59)

[1] ① 野さいづくり　② みかんづくり
③ らくのう　④ ようとん
⑤ ようけい　⑥ 花づくり
⑦ 米づくり　⑧ 木を切り出す

⑨　木をうえる　　⑩　お茶づくり

8 もようを　つくろう (1)　(P. 60・61)

（しょうりゃく）

9 しごとを　する　車　(P. 62・63)

[1]　①　タクシー…ⓚ

②　出前オートバイ…ⓐ　　③　ⓤ

④　けいトラック…ⓚ　　⑤　ⓚ

⑥　ゆうびんしゅうはい車…ⓔ

⑦　レッカー車…ⓘ

⑧　タンクローリー…ⓞ

10 たくはいびん　(P. 64・65)

[1]　（しょうりゃく）

[2]　（しょうりゃく）

[3]　①　ⓐ　　③　ⓤ　　④　ⓘ　　⑤　ⓔ

11 とばそう (1)　へそひこうき　(P. 66・67)

（しょうりゃく）

12 スーパーマーケット (1)　(P. 68・69)

[1]　①－ⓞ　②－ⓚ　③－ⓚ　④－ⓘ

⑤－ⓔ　⑥－ⓐ　⑦－ⓤ　⑧－ⓚ

⑨－ⓢ　⑩－ⓚ　⑪－ⓚ

[2]　①－ⓔ　②－ⓞ　③－ⓚ　④－ⓐ

⑤－ⓘ　⑥－ⓤ

[3]　（しょうりゃく）

13 スーパーマーケット (2)　(P. 70・71)

[1]　①　（スーパー）エイト

②　（2020年）２月９日

③　180円

④　17時30分

⑤　1991円

⑥　９円

[2]　（しょうりゃく）

14 交通あんぜん　(P. 72・73)

[1]　①－ⓘ　②－ⓐ　③－ⓤ

④－ⓚ　⑤－ⓔ　⑥－ⓞ

[2]　①　○　②　×　③　○　④　×

15 もようを　つくろう (2)　(P. 74・75)

（しょうりゃく）

16 場しょや　方こう (1)　(P. 76・77)

[1]　①　ゴリラ　②　しか　③　ぞう

④　かえる　⑤　へび　⑥　ねこ

⑦　ゴリラ　⑧　しか　⑨　かえる

⑩　たぬき

17 場しょや　方こう (2)　(P. 78・79)

[1]　○をつけるもの…ⓐ

[2]　①

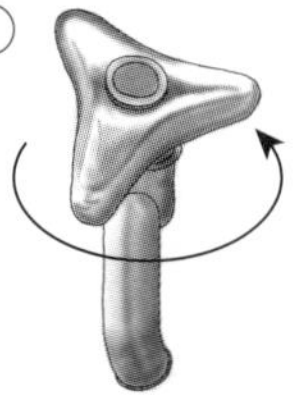

②

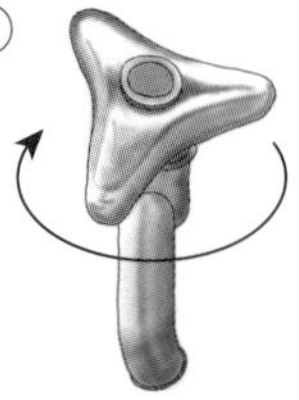

[3]　(1)

（北）

（西）

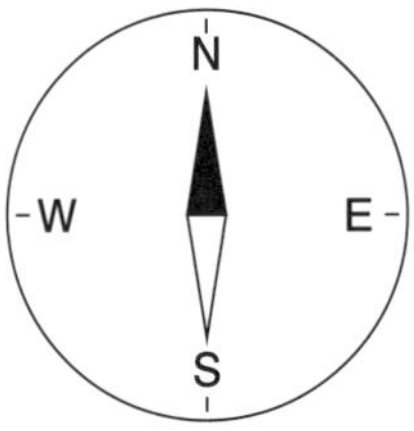

（東）

（南）

(2)　①　東　②　西

[4]　（しょうりゃく）

18 とばそう (2)　いかひこうき　(P. 80・81)

（しょうりゃく）

国　語

1 音を　あらわす (P. 124・125)

[1]

① トントン
② ケロケロ
③ ポキポキ
④ ドーン
⑤ ザーザー
⑥ ガーガー
⑦ ポクポク
⑧ ビリビリ
⑨ ガタン
⑩ ポチャン
⑪ メーメー
⑫ ガラガラ
⑬ ゴーン
⑭ ガチャン
⑮ プーン
⑯ ゴロゴロ
⑰ ウワーン
⑱ リンリン
⑲ ビュー
⑳ パチパチ

2 ようすを　あらわす (P. 122・123)

[1]

① さらさら
② すいすい
③ しとしと
④ ぐいぐい
⑤ ひりひり
⑥ ざらざら
⑦ ぶるぶる
⑧ ゆらゆら
⑨ どんどん
⑩ うとうと
⑪ ぜんぜん
⑫ そよそよ
⑬ らくらく
⑭ めらめら
⑮ だんだん
⑯ もくもく
⑰ ほかほか
⑱ ぱらぱら
⑲ ひらひら
⑳ ちらちら

3 かん字　つなぎ (一) (P. 120・121)

[1]

① 雨《あま》雲《ぐも》↓雲《くも》間《ま》
② 楽《らく》園《えん》↓園《えん》長《ちょう》
③ 理《り》科《か》↓科《か》学《がく》
④ 画《が》家《か》↓家《いえ》中《じゅう》
⑤ 校《こう》歌《か》↓歌《か》手《しゅ》
⑥ 生《せい》活《かつ》↓活《かつ》字《じ》
⑦ 人《じん》名《めい》↓名《めい》画《が》
⑧ 毎《まい》回《かい》↓回《かい》数《すう》
⑨ 社《しゃ》会《かい》↓会《かい》場《じょう》
⑩ 近《きん》海《かい》↓海《かい》外《がい》
⑪ 絵《え》本《ほん》↓本《ほん》当《とう》
⑫ 野《や》外《がい》↓外《がい》国《こく》
⑬ 昼《ひる》間《ま》↓間《ま》近《ぢか》
⑭ 日《にっ》記《き》↓記《き》入《にゅう》
⑮ 牛《ぎゅう》肉《にく》↓肉《にく》食《しょく》
⑯ 手《て》近《ぢか》↓近《ちか》道《みち》
⑰ 地《ち》図《ず》↓図《と》書《しょ》
⑱ 内《ない》野《や》↓野《の》原《はら》
⑲ 地《ち》方《ほう》↓方《ほう》角《がく》
⑳ 高《こう》音《おん》↓音《おん》楽《がく》

4 かん字　つなぎ (二) (P. 118・119)

[1]

① 合《ごう》計《けい》↓計《けい》画《かく》
② 古《ふる》本《ほん》↓本《ほん》気《き》
③ 正《しょう》午《ご》↓午《ご》後《ご》
④ 大《たい》国《こく》↓国《こく》語《ご》
⑤ 交《こう》番《ばん》↓番《ばん》犬《けん》
⑥ 正《しょう》直《じき》↓直《ちょく》線《せん》
⑦ 交《こう》通《つう》↓通《つう》学《がく》
⑧ 白《しろ》黒《くろ》↓黒《くろ》字《じ》
⑨ 名《めい》作《さく》↓作《さっ》家《か》
⑩ 計《けい》算《さん》↓算《さん》数《すう》
⑪ 同《どう》時《じ》↓時《じ》間《かん》
⑫ 新《しん》茶《ちゃ》↓茶《ちゃ》色《いろ》
⑬ 朝《あさ》夕《ゆう》↓夕《ゆう》方《がた》
⑭ 自《じ》作《さく》↓作《さく》文《ぶん》
⑮ 雪《ゆき》国《ぐに》↓国《こく》道《どう》
⑯ 点《てん》数《すう》↓数《すう》回《かい》
⑰ 細《さい》工《く》↓工《こう》作《さく》
⑱ 高《こう》校《こう》↓校《こう》門《もん》
⑲ 昼《ちゅう》食《しょく》↓食《しょく》後《ご》
⑳ 大《おお》雨《あめ》↓雨《あま》戸《ど》

5 かん字　つなぎ㊂ （P. 116・117）

1

① 社《しゃ》会《かい》→会《かい》長《ちょう》
② 家《け》来《らい》→来《らい》週《しゅう》
③ 来《らい》春《しゅん》→春《はる》風《かぜ》
④ 顔《かお》色《いろ》→色《いろ》白《じろ》
⑤ 朝《ちょう》食《しょく》→食《しょく》後《ご》
⑥ 地《ち》図《ず》→図《ず》画《が》
⑦ 先《せん》頭《とう》→頭《とう》数《すう》
⑧ 森《しん》林《りん》→林《りん》道《どう》

---

⑨ 金《きん》星《せい》→星《ほし》空《ぞら》
⑩ 船《せん》長《ちょう》→長《なが》雨《あめ》
⑪ 親《しん》切《せつ》→切《きっ》手《て》
⑫ 食《しょく》前《ぜん》→前《ぜん》夜《や》
⑬ 汽《き》船《せん》→船《せん》室《しつ》
⑭ 肉《にく》牛《ぎゅう》→牛《ぎゅう》馬《ば》
⑮ 土《と》地《ち》→地《ち》方《ほう》
⑯ 麦《むぎ》茶《ちゃ》→茶《ちゃ》室《しつ》
⑰ 売《ばい》店《てん》→店《てん》長《ちょう》
⑱ 国《こく》道《どう》→道《みち》草《くさ》
⑲ 音《おん》読《どく》→読《どく》書《しょ》
⑳ 後《こう》半《はん》→半《はん》分《ぶん》

6 かん字　つなぎ㊃ （P. 114・115）

1

① 引《いん》火《か》→火《ひ》花《ばな》
② 火《か》力《りょく》→力《りき》走《そう》
③ 羽《は》音《おと》→音《おん》楽《がく》
④ 遠《とお》出《で》→出《しゅっ》馬《ば》
⑤ 夏《なつ》鳥《どり》→鳥《とり》肉《にく》
⑥ 岩《がん》石《せき》→石《いし》頭《あたま》
⑦ 何《なん》人《にん》→人《にん》魚《ぎょ》
⑧ 帰《き》国《こく》→国《こく》語《ご》

---

⑨ 弓《ゆみ》矢《や》→矢《や》車《ぐるま》
⑩ 海《かい》上《じょう》→上《じょう》空《くう》
⑪ 強《きょう》風《ふう》→風《ふう》船《せん》
⑫ 教《きょう》会《かい》→会《かい》計《けい》
⑬ 花《はな》形《がた》→形《かた》見《み》
⑭ 地《じ》元《もと》→元《げん》気《き》
⑮ 大《だい》小《しょう》→小《こ》言《ごと》
⑯ 日《にっ》光《こう》→光《こう》線《せん》
⑰ 一《いち》行《ぎょう》→行《ぎょう》水《ずい》
⑱ 黄《おう》金《ごん》→金《きん》色《いろ》
⑲ 空《くう》中《ちゅう》→中《ちゅう》止《し》
⑳ 朝《あさ》市《いち》→市《いち》場《ば》

7 かん字㊀ （P. 112・113）

1

① きんよう
② しゅわ
③ 火曜
④ 電話
⑤ よかぜ
⑥ とうほく
⑦ 夜中
⑧ 西北
⑨ しんまい
⑩ きょうふう
⑪ 白米
⑫ 台風
⑬ ぎょにく
⑭ ふゆどり
⑮ 牛肉
⑯ 冬空
⑰ たしょう
⑱ だいち
⑲ 多数
⑳ 地下
㉑ ちゅうや
㉒ ちょくご
㉓ 昼食
㉔ 直前
㉕ ばいてん

8 かん字 (二) (P. 110・111)

1

① せんちょう ② つうこう ③ 校長 ④ 通学
⑤ てんせん ⑥ ちゃいろ ⑦ 点数 ⑧ 新茶
⑨ でんち ⑩ とうじ ⑪ 電車 ⑫ 当番
⑬ ばしゃ ⑭ けいと ⑮ 馬力 ⑯ 毛虫
⑰ しゅんぶん ⑱ こくどう ⑲ 秋分 ⑳ 書道
㉑ あきかぜ ㉒ はくせん ㉓ 北風 ㉔ 直線
㉕ しんせつ

9 かん字 (三) (P. 108・109)

1

① うたごえ ② ははおや ③ 大声 ④ 父親
⑤ きせん ⑥ こうげん ⑦ 風船 ⑧ 草原
⑨ としょ ⑩ しゃかい ⑪ 読書 ⑫ 社長
⑬ けいかく ⑭ かせい ⑮ 計算 ⑯ 水星
⑰ さっか ⑱ いわば ⑲ 画家 ⑳ 岩山
㉑ まるた ㉒ やがい ㉓ 花丸 ㉔ 海外
㉕ こうらく

10 かん字の しりとり (一) (P. 106・107)

1

① 読書→書道→道草→草花
② 青春→春風→風雨→雨戸
③ 原野→野鳥→鳥肉→肉食
④ 高台→台風→風雪→雪女
⑤ 絵本→本音→音色→色紙

2

① ㋓ ② ㋒ ③ ㋐ ④ ㋑ ⑤ ㋔

11 かん字の しりとり (二) (P. 104・105)

1

① 母親→親切→切手→手話
② 肉体→体外→外出→出頭
③ 正直→直通→通行→行水
④ 心中→中学→学生→生活
⑤ 母国→国家→家計→計算

2

① ㋓ ② ㋐ ③ ㋔ ④ ㋒ ⑤ ㋑

12 かん字の　しりとり ㈢ （P. 102・103）

1

① 場合 → 合同 → 同音 → 音楽

② 形見 → 見当 → 当時 → 時間

③ 大国 → 国外 → 外来 → 来店

④ 今夜 → 夜半 → 半月 → 月光

⑤ 風船 → 船出 → 出馬 → 馬車

2

① ㋔
② ㋓
③ ㋑
④ ㋒
⑤ ㋐

13 かん字の　しりとり ㈣ （P. 100・101）

1

① 強大 → 大名 → 名門 → 門番

② 家元 → 元気 → 気分 → 分校

③ 台地 → 地方 → 方言 → 言明

④ 空白 → 白昼 → 昼夜 → 夜食

⑤ 汽船 → 船長 → 長雨 → 雨雲

2

① ㋒
② ㋔
③ ㋐
④ ㋑
⑤ ㋓

14 四こま　まんが ㈠ （P. 98・99）

1 （れい）

フー太「あれっトラがねぼけてる。」

ト　ラ「ムニャー。」

フー太「へへへ。水かけて、おこしてやろう。」

ト　ラ「ギャー。」

フー太「まてー。」

ト　ラ「ヒャー。」

フー太「あっ。お母さん。」

ト　ラ「へへへー。」

15 かん字の　十字ろ ㈠ （P. 96・97）

1

① 外
② 会
③ 場
④ 船
⑤ 通

①
1 海《かい》外《がい》
2 国《こく》外《がい》
3 外《がい》野《や》
4 外《がい》車《しゃ》

②
1 大《たい》会《かい》
2 社《しゃ》会《かい》
3 会《かい》話《わ》
4 会《かい》食《しょく》

③
1 会《かい》場《じょう》
2 出《しゅつ》場《じょう》
3 場《じょう》内《ない》
4 場《じょう》外《がい》

④
1 汽《き》船《せん》
2 風《ふう》船《せん》
3 船《せん》長《ちょう》
4 船《せん》室《しつ》

⑤
1 交《こう》通《つう》
2 直《ちょく》通《つう》
3 通《つう》行《こう》
4 通《つう》学《がく》

16 かん字の　十字ろ ㈡ （P. 94・95）

1

① 工
② 書
③ 直
④ 番
⑤ 用

①
1 人《じん》工《こう》
2 図《ず》工《こう》
3 工《こう》作《さく》
4 工《こう》場《じょう》《ば》

②
1 図《と》書《しょ》
2 読《どく》書《しょ》
3 書《しょ》店《てん》
4 書《しょ》名《めい》

③
1 日《にっ》直《ちょく》
2 当《とう》直《ちょく》
3 直《ちょく》線《せん》
4 直《ちょっ》角《かく》

④
1 交《こう》番《ばん》
2 門《もん》番《ばん》
3 番《ばん》犬《けん》
4 番《ばん》組《ぐみ》

⑤
1 社《しゃ》用《よう》
2 食《しょく》用《よう》
3 用《よう》紙《し》
4 用《よう》心《じん》

17 かん字の　十字ろ ㈢ (P. 92・93)

1

① 夜
② 地
③ 間
④ 計
⑤ 野

①
1 今《こん》夜《や》
2 昼《ちゅう》夜《や》
3 夜《や》間《かん》
4 夜《や》食《しょく》

②
1 台《だい》地《ち》
2 番《ばん》地《ち》
3 地《ち》形《けい》
4 地《ち》図《ず》

③
1 雲《くも》間《ま》
2 手《て》間《ま》
3 間《ま》近《ぢか》
4 間《ま》口《ぐち》

④
1 会《かい》計《けい》
2 合《ごう》計《けい》
3 計《けい》算《さん》
4 計《けい》画《かく》

⑤
1 山《さん》野《や》
2 原《げん》野《や》
3 野《や》草《そう》
4 野《や》鳥《ちょう》

18 四こま　まんが ㈡ (P. 90・91)

1 (れい)

① トラは、とんぼをつかまえようと、おいかけました。

② とんぼが、なかなかつかまらないので、トラはいらいらしてきました。

③ (しょうりゃく)

④ トラは、自分のしっぽを、かんでしまいました。とんぼは、にげてしまいました。

19 「。」を　つかって ㈠ (P. 88・89)

(しょうりゃく)

20 「。」を　つかって ㈡ (P. 86・87)

1

先生のヒミツ
野村　洋子

きょうの休み時間、ゆみさ
んとえみさんとわたしで、先
生のつくえの中を見ました。
そしたら、えみさんが、
「中にチーズが入ってる。」
と言いました。わたしとゆみ
さんは、
「うそ。」
と言いました。
よく見たら、本当に入って
いました。わたしが、
「これ、ないしょにしておこ
う。」
と言ったら、
「うん。」
と、ゆみさんとえみさんが言
ったので、
「もしかして、これ、しょう
みきげんぎれかも。」
と言いました。

21 ふつうの　言いかた・ていねいな　言いかた (P. 84・85)

1

体いくの時間になわとびを
した。とびながら走ったらこ
けた。はなを強くうった。
青木くんに、
「はなぢ、出てない。」
と聞いた。青木くんは、
「だいじょうぶ。すながつい
ているだけ。」
と言った。

2

クリスマスイブの夜でした。
お母さんに、
「おふろそうじをしてきて。」
と言われたのに、しばらく行
きませんでした。
すると、お母さんが、
「だんだんサンタが遠くなる。」
と言いました。
ぼくは、いそいでそうじを
しに行きました。

22 四こま　まんが ㈢ (P. 82・83)

1 (れい)

① 「ああ、おなかがすいた。」
トラの前《まえ》に一ぴきの魚がおちてきました。

② 「あのおじさんのつった魚だな。」
トラは前足で魚をかくしました。
「ひひひ、しばらくじっとしてよ。」

③ トラがしばらくまっていると、おじさんはまたつりをはじめました。
「もういいかな。」

④ 魚を食べようとしたトラは、びっくりしました。
「し、しまった。こおっちゃった。うごかないよ。」
おじさんは、わらっていました。

らくらく全科プリント　小学2年生

2011年４月20日　初版発行
2021年１月20日　改訂版発行

監　修：陰《かげ》　山《やま》　英《ひで》　男《お》
著　者：三《み》　木《き》　俊《しゅん》　一《いち》
発行者：面《おも》　屋《や》　　洋《ひろし》
発行所：フォーラム・A

〒530-0056 大阪市北区兎我野町15-13
TEL：06-6365-5606
FAX：06-6365-5607
振替：00970-3-127184
HP：http://foruma.co.jp/

制作担当編集：藤原　幸祐　★★1122

表紙デザイン：ウエナカデザイン事務所
印刷・製本：東洋紙業高速印刷株式会社